OEUVRES

DE

BOILEAU.

TOME SECOND.

PARIS,

LIBRAIRIE CLASSIQUE D'AD. RION,

éditeur de la Bibliothèque pour 5 fr.,

rue des Grands-Augustins, n. 18.

OEUVRES

DE BOILEAU.

TOME II.

PARIS, IMPRIMERIE DE POUSSIELGUE,
rue du Croissant-Montmartre, 12,

OEUVRES

DE BOILEAU.

TOME SECOND.

A PARIS,

A LA LIBRAIRIE DES ECOLES,

RUE SAINTE-MARGUERITE S. G., 19.

—

1836.

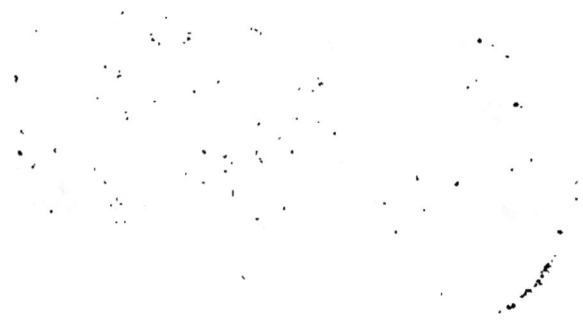

ŒUVRES

DE BOILEAU.

L'ART POÉTIQUE.

—

CHANT PREMIER.

C'est en vain qu'au Parnasse un téméraire auteur
Pense de l'art des vers atteindre la hauteur ;
S'il ne sent pas du ciel l'influence secrète,
Si son astre en naissant ne l'a formé poète.
Dans son génie étroit il est toujours captif,
Pour lui Phébus est sourd et Pégase est rétif.
O vous donc qui, brûlant d'une ardeur périlleuse,
Courez du bel esprit la carrière épineuse,
N'allez pas sur des vers sans fruit vous consumer,
Ni prendre pour génie un amour de rimer :
Craignez d'un vain plaisir les trompeuses amorces,
Et consultez long-temps votre esprit et vos forces.

La nature, fertile en esprits excellens,
Sait entre les auteurs partager les talens :
L'un peut tracer en vers une amoureuse flamme,
L'autre d'un trait plaisant aiguiser l'épigramme ;
Malherbe d'un héros peut vanter les exploits ;
Racan chanter Philis, les bergers et les bois.
Mais souvent un esprit qui se flatte et qui s'aime
Méconnoit son génie, et s'ignore soi-même :
Ainsi tel autrefois qu'on vit avec Faret
Charbonner de ses vers les murs d'un cabaret
S'en va mal à propos d'une voix insolente
Chanter du peuple hébreu la fuite triomphante,
Et, poursuivant Moïse au travers des déserts,
Court avec Pharaon se noyer dans les mers.
   Quelque sujet qu'on traite, ou plaisant ou sublime,
Que toujours le bon sens s'accorde avec la rime :
L'un l'autre vainement ils semblent se haïr ;
La rime est une esclave, et ne doit qu'obéir.
Lorsqu'à la bien chercher d'abord on s'évertue
L'esprit à la trouver aisément s'habitue ;
Au joug de la raison sans peine elle fléchit,
Et loin de la gêner la sert et l'enrichit.
Mais lorsqu'on la néglige elle devient rebelle ;
Et pour la rattraper le sens court après elle.
Aimez donc la raison ; que toujours vos écrits
Empruntent d'elle seule et leur lustre et leur prix.
   La plupart, emportés d'une fougue insensée,
Toujours loin du droit sens vont chercher leur pensée.
Ils croiroient s'abaisser dans leurs vers monstrueux

S'ils pensoient ce qu'un autre a pu penser comme eux.
Evitons ces excès ; laissons à l'Italie
De tous ses faux brillans l'éclatante folie.
Tout doit tendre au bon sens ; mais pour y parvenir
Le chemin est glissant et pénible à tenir ;
Pour peu qu'on s'en écarte aussitôt on se noie.
La raison pour marcher n'a souvent qu'une voie.

Un auteur quelquefois trop plein de son objet
Jamais sans l'épuiser n'abandonne un sujet.
S'il rencontre un palais il m'en dépeint la face ;
Il me promène après de terrasse en terrasse ;
Ici s'offre un perron ; là règne un corridor ;
Là ce balcon s'enferme en un balustre d'or.
Il compte des plafonds les ronds et les ovales ;
« Ce ne sont que festons, ce ne sont qu'astragales. »(1)
Je saute vingt feuillets pour en trouver la fin,
Et je me sauve à peine au travers du jardin.
Fuyez de ces auteurs l'abondance stérile,
Et ne vous chargez point d'un détail inutile.
Tout ce qu'on dit de trop est fade et rebutant ;
L'esprit rassasié le rejette à l'instant.
Qui ne sait se borner ne sut jamais écrire.

Souvent la peur d'un mal nous conduit dans un pire.
Un vers étoit trop foible, et vous le rendez dur ;
J'évite d'être long, et je deviens obscur :
L'un n'est point trop fardé, mais sa muse est trop nue ;
L'autre a peur de ramper, il se perd dans la nue.

(1) Vers de Scudéri.

Voulez-vous du public mériter les amours,
Sans cesse en écrivant variez vos discours :
Un style trop égal et toujours uniforme
En vain brille à nos yeux, il faut qu'il nous endorme.
On lit peu ces auteurs, nés pour nous ennuyer,
Qui toujours sur un ton semblent psalmodier.
　　Heureux qui dans ses vers sait d'une voix légère
Passér du grave au doux, du plaisant au séyére !
Son livre, aimé du ciel et chéri des lecteurs,
Est souvent chez Barbin entouré d'acheteurs,
　　Quoi que vous écriviez, évitez la bassesse :
Le style le moins noble a pourtant sa noblesse.
Au mépris du bon sens le burlesque effronté
Trompa les yeux d'abord, plut par sa nouveauté :
On ne vit plus en vers que pointes triviales ;
Le Parnasse parla le langage des halles :
La licence à rimer alors n'eut plus de frein ;
Apollon travesti devint un Tabarin.
Cette contagion infecta les provinces,
Du clerc et du bourgeois passa jusques aux princes :
Le plus mauvais plaisant eut ses approbateurs,
Et jusqu'à d'Assouci tout trouva des lecteurs.
Mais de ce style enfin la cour désabusée
Dédaigna de ces vers l'extravagance aisée,
Distingua le naïf du plat et du bouffon,
Et laissa la province admirer le Typhon.
Que ce style jamais ne souille votre ouvrage.
Imitons de Marot l'élégant badinage,
Et laissons le burlesque aux plaisans du Pont-Neuf.

Mais n'allez point aussi, sur les pas de Brébeuf,
Même en une Pharsale, entasser sur les rives
« De morts et de mourans cent montagnes plaintives.»
Prenez mieux votre ton. Soyez simple avec art,
Sublime sans orgueil, agréable sans fard.

N'offrez rien au lecteur que ce qui peut lui plaire.
Ayez pour la cadence une oreille sévère :
Que toujours dans vos vers le sens coupant les mots
Suspende l'hémistiche, en marque le repos.

Gardez qu'une voyelle à courir trop hâtée
Ne soit d'une voyelle en son chemin heurtée.

Il est un heureux choix de mots harmonieux,
Fuyez des mauvais sons le concours odieux ;
Le vers le mieux rempli, la plus noble pensée
Ne peut plaire à l'esprit quand l'oreille est blessée.

Durant les premiers ans du Parnasse françois
Le caprice tout seul faisoit toutes les lois.
La rime au bout des mots assemblés sans mesure,
Tenoit lieu d'ornemens, de nombre et de césure.
Villon sut le premier, dans ces siècles grossiers,
Débrouiller l'art confus de nos vieux romanciers.
Marot bientôt après fit fleurir les ballades,
Tourna des triolets, rima des mascarades,
A des refrains réglés asservit les rondeaux,
Et montra pour rimer des chemins tout nouveaux.
Ronsard, qui le suivit, par une autre méthode,
Réglant tout, brouilla tout, fit un art à sa mode,
Et toutefois long-temps eut un heureux destin.
Mais sa muse, en françois parlant grec et latin,

Vit dans l'âge suivant, par un retour grotesque,
Tomber de ces grands mots le faste pédantesque.
Ce poéte orgueilleux, trébuché de si haut,
Rendit plus retenu Desportes et Bertaut.

Enfin Malherbe vint, et le premier en France
Fit sentir dans les vers une juste cadence,
D'un mot mis en sa place enseigna le pouvoir,
Et réduisit la muse aux régles du devoir.
Par ce sage écrivain là langue réparée
N'offrit plus rien de rude à l'oreille épurée.
Les stances avec grâce apprirent à tomber,
Et le vers sur le vers n'osa plus enjamber.
Tout reconnut ses lois; et ce guide fidèle
Aux auteurs de ce temps sert encor de modéle.
Marchez donc sur ses pas, aimez sa pureté,
Et de son tour heureux imitez la clarté.
Si le sens de vos vers tarde à se faire entendre
Mon esprit aussitôt commence à se détendre,
Et, de vos vains discours prompt à se détacher,
Ne suit point un auteur qu'il faut toujours chercher.

Il est certains esprits dont les sombres pensées
Sont d'un nuage épais toujours embarrassées;
Le jour de la raison ne les sauroit percer.
Avant donc que d'écrire apprenez à penser.
Selon que notre idée est plus ou moins obscure,
L'expression la suit ou moins nette ou plus pure.
Ce que l'on conçoit bien s'énonce clairement,
Et les mots pour le dire arrivent aisément.

Surtout qu'en vos écrits la langue révérée

Dans vos plus grands excès vous soit toujours sacrée.
En vain vous me frappez d'un son mélodieux
Si le terme est impropre ou le tour vicieux :
Mon esprit n'admet point un honteux barbarisme
Ni d'un vers ampoulé l'orgueilleux solécisme.
Sans la langue, en un mot, l'auteur le plus divin
Est toujours, quoi qu'il fasse, un méchant écrivain.

Travaillez à loisir, quelque ordre qui vous presse,
Et ne vous piquez point d'une folle vitesse :
Un style si rapide, et qui court en rimant,
Marque moins trop d'esprit que peu de jugement.
J'aime mieux un ruisseau qui, sur la molle arène,
Dans un pré plein de fleurs lentement se promène
Qu'un torrent débordé qui, d'un cours orageux,
Roule, plein de gravier, sur un terrain fangeux.
Hâtez-vous lentement; et, sans perdre courage,
Vingt fois sur le métier remettez votre ouvrage;
Polissez-le sans cesse et le repolissez;
Ajoutez quelquefois et souvent effacez.

C'est peu qu'en un ouvrage où les fautes fourmillent
Des traits d'esprit semés de temps en temps pétillent :
Il faut que chaque chose y soit mise en son lieu;
Que le début, la fin, répondent au milieu:
Que d'un art délicat les pièces assorties
N'y forment qu'un seul tout de diverses parties;
Que jamais du sujet le discours s'écartant
N'aille chercher trop loin quelque mot éclatant.

Craignez-vous pour vos vers la censure publique,
Soyez-vous à vous-même un sévère critique:

L'ignorance toujours est prête à s'admirer.

Faites-vous des amis prompts à vous censurer ;
Qu'ils soient de vos écrits les confidens sincères
Et de tous vos défauts les zélés adversaires :
Dépouillez devant eux l'arrogance d'auteur.
Mais sachez de l'ami discerner le flatteur :
Tel vous semble applaudir, qui vous raille et vous joue.
Aimez qu'on vous conseille et non pas qu'on vous loue.

Un flatteur aussitôt cherche à se récrier ;
Chaque vers qu'il entend le fait extasier.
Tout est charmant, divin ; aucun mot ne le blesse :
Il trépigne de joie, il pleure de tendresse ;
Il vous comble partout d'éloges fastueux :
La vérité n'a point cet air impétueux.

Un sage ami, toujours rigoureux, inflexible,
Sur vos fautes jamais ne vous laisse paisible :
Il ne pardonne point les endroits négligés,
Il renvoie en leur lieu les vers mal arrangés,
Il réprime des mots l'ambitieuse emphase ;
Ici le sens le choque, et plus loin c'est la phrase :
Votre construction semble un peu s'obscurcir :
Ce terme est équivoque ; il le faut éclaircir.
C'est ainsi que vous parle un ami véritable.
Mais souvent sur ses vers un auteur intraitable
A les protéger tous se croit intéressé,
Et d'abord prend en main le droit de l'offensé.
De ces vers, direz-vous, l'expression est basse.
Ah ! monsieur, pour ce vers je vous demande grâce,
Répondra-t-il d'abord. Ce mot me semble froid ;

Je le retrancherois. C'est le plus bel endroit !
Ce tour ne me plaît pas. Tout le monde l'admire !
Ainsi toujours constant à ne se point dédire,
Qu'un mot dans son ouvrage ait paru vous blesser,
C'est un titre chez lui pour ne point l'effacer.
Cependant à l'entendre il chérit la critique ;
Vous avez sur ses vers un pouvoir despotique.
Mais tout ce beau discours dont il vient vous flatter
N'est rien qu'un piége adroit pour vous les réciter.
Aussitôt il vous quitte ; et, content de sa muse,
S'en va chercher ailleurs quelque fat qu'il abuse :
Car souvent il en trouve. Ainsi qu'en sots auteurs
Notre siècle est fertile en sots admirateurs ;
Et sans ceux que fournit la ville et la province,
Il en est chez le duc, il en est chez le prince.
L'ouvrage le plus plat a chez les courtisans
De tout temps rencontré de zélés partisans ;
Et, pour finir enfin par un trait de satire,
Un sot trouve toujours un plus sot qui l'admire.

CHANT II.

Telle qu'une bergère, au plus beau jour de fête,
De superbes rubis ne charge point sa tête,
Et, sans mêler à l'or l'éclat des diamans,
Cueille en un champ voisin ses plus beaux ornemens,
Telle, aimable en son air, mais humble dans son style,
Doit éclater sans pompe une élégante idylle.
Son tour simple et naïf n'a rien de fastueux,
Et n'aime point l'orgueil d'un vers présomptueux.
Il faut que sa douceur flatte, chatouille, éveille,
Et jamais de grands mots n'é pouvante l'oreille.
    Mais souvent dans ce style un rimeur aux abois
Jette là de dépit la flûte et le hautbois;
Et, follement pompeux dans sa verve indiscrète,
Au milieu d'une églogue entonne la trompette.
De peur de l'écouter Pan fuit dans les roseaux,
Et les nymphes d'effroi se cachent sous les eaux.
    Au contraire cet autre, abject en son langage,
Fait parler ses bergers comme on parle au village.
Ses vers plats et grossiers, dépouillés d'agrément,
Toujours baisent la terre et rampent tristement :
On diroit que Ronsard, sur ses pipeaux rustiques,
Vient encor fredonner ses idylles gothiques,
Et changer, sans respect de l'oreille et du son,
Lycidas en Pierrot et Philis en Toinon.
    Entre ces deux excès la route est difficile.

Suivez pour la trouver Théocrite et Virgile :
Que leurs tendres écrits par les Grâces dictés
Ne quittent point vos mains, jour et nuit feuilletés.
Seuls dans leurs doctes vers ils pourront vous apprendre
Par quel art sans bassesse un auteur peut descendre,
Chanter Flore, les champs, Pomone, les vergers ;
Au combat de la flûte animer deux bergers ;
Des plaisirs de l'amour vanter la douce amorce ;
Changer Narcisse en fleur, couvrir Daphné d'écorce,
Et par quel art encor l'églogue quelquefois
Rend dignes d'un consul la campagne et les bois.
Telle est de ce poëme et la force et la grâce.

    D'un ton un peu plus haut, mais pourtant sans audace,
La plaintive élégie, en longs habits de deuil,
Sait, les cheveux épars, gémir sur un cercueil.
Elle peint des amans la joie et la tristesse ;
Flatte, menace, irrite, apaise une maîtresse.
Mais pour bien exprimer ces caprices heureux
C'est peu d'être poëte, il faut être amoureux.

    Je hais ces vains auteurs dont la muse forcée
M'entretient de ses feux, toujours foible et glacée ;
Qui s'affligent par art et, fous de sens rassis,
S'érigent pour rimer en amoureux transis.
Leurs transports les plus doux ne sont que phrases vaines ;
Ils ne savent jamais que se charger de chaînes,
Que bénir leur martyre, adorer leur prison,
Et faire quereller le sens et la raison.
Ce n'étoit pas jadis sur ce ton ridicule
Qu'amour dictoit les vers que soupiroit Tibulle,

Ou que, du tendre Ovide animant les doux sons,
Il donnoit de son art les charmantes leçons.
Il faut que le cœur seul parle dans l'élégie.
L'ode avec plus d'éclat et non moins d'énergie,
Elevant jusqu'au ciel son vol ambitieux,
Entretient dans ses vers commerce avec les dieux.
Aux athlètes dans Pise elle ouvre la barrière,
Chante un vainqueur poudreux au bout de la carrière,
Mène Achille sanglant aux bords du Simoïs,
On fait fléchir l'Escaut sous le joug de Louis.
Tantôt, comme une abeille ardente à son ouvrage,
Elle s'en va de fleurs dépouiller le rivage:
Elle peint les festins, les danses et les ris;
Vante un baiser cueilli sur les lèvres d'Iris,
Qui mollement résiste, et par un doux caprice
Quelquefois le refuse afin qu'on le ravisse.
Son style impétueux souvent marche au hasard:
Chez elle un beau désordre est un effet de l'art.
Loin ces rimeurs craintifs dont l'esprit flegmatique
Garde dans ses fureurs un ordre didactique ;
Qui, chantant d'un héros les progrès éclatans,
Maigres historiens, suivront l'ordre des temps.
Ils n'osent un moment perdre un sujet de vue:
Pour prendre Dole il faut que Lille soit rendue,
Et que leur vers, exact ainsi que Mézeray,
Ait déjà fait tomber les remparts de Courtray.
Apollon de son feu leur fut toujours avare.
On dit à ce propos qu'un jour ce dieu bizarre,
Voulant pousser à bout tous les rimeurs françois,

Inventa du sonnet les rigoureuses lois;
Voulut qu'en deux quatrains de mesure pareille
La rime avec deux sons frappât huit fois l'oreille :
Et qu'ensuite six vers artistement rangés
Fussent en deux tercets par le sens partagés.
Surtout de ce poëme il bannit la licence :
Lui-même en mesura le nombre et la cadence ;
Défendit qu'un vers foible y pût jamais entrer,
Ni qu'un mot déjà mis osât s'y remontrer.
Du reste il l'enrichit d'une beauté suprême :
Un sonnet sans défaut vaut seul un long poëme.
Mais en vain mille auteurs y pensent arriver,
Et cet heureux phénix est encore à trouver.
A peine dans Gombaut, Mainard et Malleville
En peut-on admirer deux ou trois entre mille :
Le reste, aussi peu lu que ceux de Pelletier,
N'a fait de chez Sercy qu'un saut chez l'épicier.
Pour enfermer son sens dans la borne prescrite
La mesure est toujours trop longue ou trop petite.

L'épigramme, plus libre en son tour plus borné,
N'est souvent qu'un bon mot de deux rimes orné.
Jadis de nos auteurs les pointes ignorées
Furent de l'Italie en nos vers attirées :
Le vulgaire, ébloui de leur faux agrément,
A ce nouvel appât courut avidement.
La faveur du public excitant leur audace,
Leur nombre impétueux inonda le Parnasse :
Le madrigal d'abord en fut enveloppé :
Le sonnet orgueilleux lui-même en fut frappé !

La tragédie en fit ses plus chères délices ;
L'élégie en orna ses douloureux caprices ;
Un héros sur la scène eut soin de s'en parer,
Et sans pointe un amant n'osa plus soupirer ;
On vit tous les bergers dans leurs plaintes nouvelles
Fidèles à la pointe encor plus qu'à leurs belles ;
Chaque mot eut toujours deux visages divers :
La prose la reçut aussi bien que les vers ;
L'avocat au palais en hérissa son style,
Et le docteur en chaire en sema l'évangile.
   La raison outragée enfin ouvrit les yeux,
La chassa pour jamais des discours sérieux,
Et, dans tous ces écrits la déclarant infâme,
Par grâce lui laissa l'entrée en l'épigramme
Pourvu que sa finesse éclatant à propos
Roulât sur la pensée et non pas sur les mots.
Ainsi de toutes parts les désordres cessèrent.
Toutefois à la cour les turlupins restèrent,
Insipides plaisans, bouffons infortunés,
D'un jeu de mots grossier partisans surannés.
Ce n'est pas quelquefois qu'une muse un peu fine
Sur un mot en passant ne joue et ne badine,
Et d'un sens détourné n'abuse avec succès :
Mais fuyez sur ce point un ridicule excès,
Et n'allez pas toujours d'une pointe frivole
Aiguiser par la queue une épigramme folle.
   Tout poème est brillant de sa propre beauté.
Le rondeau, né gaulois, a la naïveté.
La ballade, asservie à ses vieilles maximes,

Souvent doit tout son lustre au caprice des rimes.
Le madrigal, plus simple et plus noble en son tour,
Respire la douceur, la tendresse et l'amour.

L'ardeur de se montrer et non pas de médire
Arma la vérité du vers de la satire.
Lucile le premier osa la faire voir,
Aux vices des Romains présenta le miroir,
Vengea l'humble vertu de la richesse altière
Et l'honnête homme à pied du faquin en litière.

Horace à cette aigreur mêla son enjouement :
On ne fut plus ni fat ni sot impunément,
Et malheur à tout nom qui, propre à la censure,
Put entrer dans un vers sans rompre la mesure.

Perse en ses vers obscurs, mais serrés et pressans,
Affecta d'enfermer moins de mots que de sens.

Juvénal, élevé dans les cris de l'école,
Poussa jusqu'à l'excés sa mordante hyperbole.
Ses ouvrages, tout pleins d'affreuses vérités,
Etincellent pourtant de sublimes beautés ,
Soit que sur un écrit arrivé de Caprée
Il brise de Séjan la statue adorée;
Soit qu'il fasse au conseil courir les sénateurs,
D'un tyran soupçonneux pâles adulateurs,
Ou que, poussant à bout la luxure latine,
Aux portefaix de Rome il vende Messaline.
Ses écrits pleins de feu partout brillent aux yeux.

De ces maîtres savans disciple ingénieux,
Régnier, seul parmi nous formé sur leurs modèles

Dans son vieux style encore a des grâces nouvelles.
Heureux si ses discours, craints du chaste lecteur,
Ne se sentoient des lieux où fréquentoit l'auteur,
Et si du son hardi de ses rimes cyniques
Il n'alarmoit souvent les oreilles pudiques.
    Le latin dans les mots brave l'honnêteté:
Mais le lecteur françois veut être respecté;
Du moindre sens impur la liberté l'outrage
Si la pudeur des mots n'en adoucit l'image.
Je veux dans la satire un esprit de candeur,
Et fuis un effronté qui prêche la pudeur.
    D'un trait de ce poëme en bons mots si fertiles
Le François, né malin, forma le vaudeville;
Agréable indiscret, qui, conduit par le chant,
Passe de bouche en bouche et s'accroît en marchant.
La liberté françoise en ses vers se déploie :
Cet enfant du plaisir veut naître dans la joie.
Toutefois n'allez pas, goguenard dangereux,
Faire Dieu le sujet d'un badinage affreux :
A la fin tous ces jeux que l'athéisme élève
Conduisent tristement le plaisant à la Grève.
Il faut même en chansons du bon sens et de l'art:
Mais pourtant on a vu le vin et le hasard
Inspirer quelquefois une muse grossière,
Et fournir sans génie un couplet à Linière.
Mais pour un vain bonheur qui vous a fait rimer
Gardez qu'un sot orgueil ne vous vienne enfumer,
Souvent l'auteur altier de quelque chansonnette

Au même instant prend droit de se croire poéte :
Il ne dormira plus qu'il n'ait fait un sonnet ;
Encore est-ce un miracle en ses vagues furies
Si, bientôt imprimant ses sottes rêveries,
Il ne se fait graver au devant du recueil
Couronné de lauriers par la main de Nanteuil.

CHANT III.

Il n'est point de serpent ni de monstre odieux
Qui par l'art imité ne puisse plaire aux yeux :
D'un pinceau délicat l'artifice agréable
Du plus affreux objet fait un objet aimable.
Ainsi pour nous charmer la tragédie en pleurs
D'OEdipe tout sanglant fit parler les douleurs,
D'Oreste parricide exprima les alarmes,
Et pour nous divertir nous arracha des larmes.
Vous donc qui, d'un beau feu pour le théâtre épris,
Venez en vers pompeux y disputer le prix,
Voulez-vous sur la scène étaler des ouvrages
Où tout Paris en foule apporte ses suffrages,
Et qui, toujours plus beaux plus ils sont regardés,
Soient au bout de vingt ans encor redemandés ;
Que dans tous vos discours la passion émue
Aille chercher le cœur, l'échauffe et le remue.
Si d'un beau mouvement l'agréable fureur
Souvent ne nous remplit d'une douce terreur,
Ou n'excite en notre ame une pitié charmante,
En vain vous étalez une scène savante :
Vos froids raisonnemens ne feront qu'attiédir
Un spectateur toujours paresseux d'applaudir,
Et qui, des vains efforts de votre rhétorique
Justement fatigué, s'endort ou vous critique.
Le secret est d'abord de plaire et de toucher

Inventez des ressorts qui puissent m'attacher.

Que, dès les premiers vers l'action préparée
Sans peine du sujet aplanisse l'entrée.
Je me ris d'un acteur qui, lent à s'exprimer,
De ce qu'il veut d'abord ne sait pas m'informer;
Et qui, débrouillant mal une pénible intrigue,
D'un divertissement me fait une fatigue.
J'aimerois mieux encor qu'il déclinât son nom,
Et dit, je suis Oreste, ou bien Agamemnon,
Que d'aller par un tas de confuses merveilles,
Sans rien dire à l'esprit, étourdir les oreilles :
Le sujet n'est jamais assez tôt expliqué.

Que le lieu de la scène y soit fixe et marqué.
Un rimeur, sans péril, delà les Pyrénées,
Sur la scène en un jour renferme des années :
Là souvent le héros d'un spectacle grossier,
Enfant au premier acte, est baron au dernier.
Mais nous, que la raison à ses règles engage,
Nous voulons qu'avec art l'action se ménage;
Qu'en un lieu, qu'en un jour un seul fait accompli
Tienne jusqu'à la fin le théâtre rempli.

Jamais au spectateur n'offrez rien d'incroyable :
Le vrai peut quelquefois n'être pas vraisemblable.
Une merveille absurde est pour moi sans appas :
L'esprit n'est point ému de ce qu'il ne croit pas.
Ce qu'on ne doit point voir, qu'un récit nous l'expose
Les yeux en le voyant saisiroient mieux la chose;
Mais il est des objets que l'art judicieux
Doit offrir à l'oreille et reculer des yeux.

Que le trouble, toujours croissant de scène en scène,
A son comble arrivé se débrouille sans peine.
L'esprit ne se sent point plus vivement frappé
Que lorsqu'en un sujet d'intrigue enveloppé
D'un secret tout à coup la vérité connue
Change tout, donne à tout une face imprévue.

La tragédie, informe et grossière en naissant,
N'étoit qu'un simple chœur, où chacun en dansant,
Et du dieu des raisins entonnant les louanges,
S'efforçoit d'attirer de fertiles vendanges.
Là, le vin et la joie éveillant les esprits,
Du plus habile chantre un bouc étoit le prix.

Thespis fut le premier qui, barbouillé de lie,
Promena par les bourgs cette heureuse folie ;
Et, d'acteurs mal ornés chargeant un tombereau,
Amusa les passans d'un spectacle nouveau.

Eschyle dans le chœur jeta les personnages,
D'un masque plus honnête habilla les visages,
Sur les ais d'un théâtre en public exhaussé
Fit paroître l'acteur d'un brodequin chaussé.

Sophocle enfin, donnant l'essor à son génie,
Accrut encor la pompe, augmenta l'harmonie,
Intéressa le chœur dans toute l'action,
Des vers trop raboteux polit l'expression,
Lui donna chez les Grecs cette hauteur divine
Où jamais n'atteignit la foiblesse latine.

Chez nos dévots aïeux le théâtre abhorré
Fut long-temps dans la France un plaisir ignoré.
De pélerins, dit-on, une troupe grossière

En public à Paris y monta la première;
Et, sottement zélée en sa simplicité,
Joua les saints, la Vierge et Dieu par piété.
Le savoir, à la fin dissipant l'ignorance,
Fit voir de ce projet la dévote imprudence.
On chassa ces docteurs prêchant sans mission;
On vit renaître Hector, Andromaque, Ilion.
Seulement, les acteurs laissant le masque antique,
Le violon tint lieu de chœur et de musique.

    Bientôt l'amour, fertile en tendres sentimens,
S'empara du théâtre ainsi que des romans.
De cette passion la sensible peinture
Est pour aller au cœur la route la plus sûre.
Peignez donc, j'y consens, les héros amoureux;
Mais ne m'en formez pas des bergers doucereux :
Qu'Achille aime autrement que Thyrsis et Philène,
N'allez pas d'un Cyrus nous faire un Artamène;
Et que l'amour, souvent de remords combattu,
Paroisse une foiblesse et non une vertu.

    Des héros de roman fuyez les petitesses :
Toutefois aux grands cœurs donnez quelques foiblesses.
Achille déplairoit moins bouillant et moins prompt :
J'aime à lui voir verser des pleurs pour un affront.
A ces petits défauts marqués dans sa peinture
L'esprit avec plaisir reconnoît la nature.
Qu'il soit sur ce modèle en vos écrits tracé :
Qu'Agamemnon soit fier, superbe, intéressé;
Que pour ses dieux Enée ait un respect austère.
Conservez à chacun son propre caractère.

Des siècles, des pays étudiez les mœurs :
Les climats font souvent les diverses humeurs.

Gardez donc de donner, ainsi que dans Clélie,
L'air ni l'esprit françois à l'antique Italie ;
Et, sous des noms romains faisant notre portrait,
Peindre Caton galant et Brutus dameret.
Dans un roman frivole aisément tout s'excuse ;
C'est assez qu'en courant la fiction amuse,
Trop de rigueur alors seroit hors de saison :
Mais la scène demande une exacte raison ;
L'étroite bienséance y veut être gardée.

D'un nouveau personnage inventez-vous l'idée,
Qu'en tout avec soi-même il se montre d'accord,
Et qu'il soit jusqu'au bout tel qu'on l'a vu d'abord.

Souvent sans y penser un écrivain qui s'aime
Forme tous ses héros semblables à soi-même ;
Tout à l'humeur gasconne en un auteur gascon ;
Calprenède et Juba parlent du même ton.

La nature est en nous plus diverse et plus sage ;
Chaque passion parle un différent langage :
La colère est superbe, et veut des mots altiers ;
L'abattement s'explique en des termes moins fiers.

Que devant Troie en flamme Hécube désolée
Ne vienne pas pousser une plainte ampoulée,
Ni sans raison décrire en quel affreux pays
Par sept bouches l'Euxin reçoit le Tanaïs.
Tous ces pompeux amas d'expressions frivoles
Sont d'un déclamateur amoureux des paroles.
Il faut dans la douleur que vous vous abaissiez :

Pour me tirer des pleurs il faut que vous pleuriez.
Ces grands mots dont alors l'acteur emplit sa bouche
Ne partent point d'un cœur que sa misère touche.

Le théâtre, fertile en censeurs pointilleux,
Chez nous pour se produire est un champ périlleux.
Un auteur n'y fait pas de faciles conquêtes,
Il trouve à le siffler des bouches toujours prêtes :
Chacun le peut traiter de fat et d'ignorant ;
C'est un droit qu'à la porte on achète en entrant.
Il faut qu'en cent façons pour plaire il se replie,
Que tantôt il s'élève et tantôt s'humilie,
Qu'en nobles sentimens il soit partout fécond,
Qu'il soit aisé, solide, agréable, profond ;
Que de traits surprenans sans cesse il nous réveille ;
Qu'il coure dans ses vers de merveille en merveille,
Et que tout ce qu'il dit, facile à retenir,
De son ouvrage en nous laisse un long souvenir.
Ainsi la tragédie agit, marche et s'explique.
D'un air plus grand encor la poésie épique,
Dans le vaste récit d'une longue action,
Se soutient par la fable et vit de fiction.
Là pour nous enchanter tout est mis en usage ;
Tout prend un corps, une âme, un esprit, un visage,
Chaque vertu devient une divinité :
Minerve est la prudence et Vénus la beauté ;
Ce n'est plus la vapeur qui produit le tonnerre,
C'est Jupiter armé pour effrayer la terre ;
Un orage terrible aux yeux des matelots,
C'est Neptune en courroux qui gourmande les flots ;

Echo n'est plus un son qui dans l'air retentisse,
C'est une nymphe en pleurs qui se plaint de Narcisse.
Ainsi, dans cet amas de nobles fictions,
Le poète s'égaie en mille inventions,
Orne, élève, embellit, agrandit toutes choses,
Et trouve sous sa main des fleurs toujours écloses.
Qu'Enée et ses vaisseaux, par le vent écartés,
Soient aux bords africains d'un orage emportés,
Ce n'est qu'une aventure ordinaire et commune,
Qu'un coup peu surprenant des traits de la fortune.
Mais que Junon, constante en son aversion,
Poursuive sur les flots les restes d'Ilion;
Qu'Eole, en sa faveur les chassant d'Italie,
Ouvre aux vents mutinés les prisons d'Eolie;
Que Neptune en courroux s'élevant sur la mer
D'un mot calme les flots, mette la paix dans l'air,
Délivre les vaisseaux, des syrtes les arrache,
C'est là ce qui surprend, frappe, saisit, attache.
Sans tous ces ornemens le vers tombe en langueur,
La poésie est morte ou rampe sans vigueur;
Le poète n'est plus qu'un orateur timide,
Qu'un froid historien d'une fable insipide.
   C'est donc bien vainement que nos auteurs déçus,
Bannissant de leurs vers ces ornemens reçus,
Pensent faire agir Dieu, ses saints et ses prophètes,
Comme ces dieux éclos du cerveau des poètes;
Mettent à chaque pas le lecteur en enfer;
N'offrent rien qu'Astaroth, Belzébuth, Lucifer.
De la foi d'un chrétien les mystères terribles

D'ornemens égayés ne sont point susceptibles :
L'évangile à l'esprit n'offre de tous côtés
Que pénitence à faire et tourmens mérités ;
Et de vos fictions le mélange coupable
Même à ses vérités donne l'air de la fable.
Et quel objet enfin à présenter aux yeux
Que le diable toujours hurlant contre les cieux,
Qui de votre héros veut rabaisser la gloire,
Et souvent avec Dieu balance la victoire !
   Le Tasse, dira-t-on, l'a fait avec succès.
Je ne veux point ici lui faire son procès ;
Mais, quoi que notre siècle à sa gloire publie,
Il n'eût point de son livre illustré l'Italie
Si son sage héros, toujours en oraison,
N'eût fait que mettre enfin Satan à la raison ;
Et si Renaud, Argant, Tancrède et sa maîtresse
N'eussent de son sujet égayé la tristesse.
   Ce n'est pas que j'approuve en un sujet chrétien
Un auteur follement idolâtre et païen.
Mais dans une profane et riante peinture,
De n'oser de la fable employer la figure,
De chasser les tritons de l'empire des eaux,
D'ôter à Pan sa flûte, aux Parques leurs ciseaux,
D'empêcher que Caron dans la fatale barque
Ainsi que le berger ne passe le monarque,
C'est d'un scrupule vain s'alarmer sottement,
Et vouloir aux lecteurs plaire sans agrément.
Bientôt ils défendront de peindre la Prudence,
De donner à Thémis ni bandeau ni balance,

De figurer aux yeux la Guerre au front d'airain,
Ou le Temps qui s'enfuit une horloge à la main ;
Et partout des discours, comme une idolâtrie,
Dans leur faux zèle iront chasser l'allégorie.
Laissons-les s'applaudir de leur pieuse erreur.
Mais pour nous bannissons une vaine terreur ;
Et, fabuleux chrétiens, n'allons point dans nos songes
Du Dieu de vérité faire un Dieu de mensonges.
    La fable offre à l'esprit mille agrémens divers :
Là tous les noms heureux semblent nés pour les vers,
Ulysse, Agamemnon, Oreste, Idoménée,
Hélène, Ménélas, Pâris, Hector, Enée.
Oh ! le plaisant projet d'un poète ignorant,
Qui de tant de héros va choisir Childebrand !
D'un seul nom quelquefois le son dur ou bizarre
Rend un poème entier ou burlesque ou barbare.
    Voulez-vous long-temps plaire et jamais ne lasser ?
Faites choix d'un héros propre à m'intéresser,
En valeur éclatant, en vertu magnifique,
Qu'en lui jusqu'aux défauts tout se montre héroïque,
Que ses faits surprenans soient dignes d'être ouïs,
Qu'il soit tel que César, Alexandre ou Louis,
Non tel que Polynice et son perfide frère :
On s'ennuie aux exploits d'un conquérant vulgaire.
    N'offrez point un sujet d'incidens trop chargé.
Le seul courroux d'Achille, avec art ménagé,
Remplit abondamment une Iliade entière :
Souvent trop d'abondance appauvrit la matière.
    Soyez vif et pressé dans vos narrations :

Soyez riche et pompeux dans vos descriptions,
C'est là qu'il faut des vers étaler l'élégance :
N'y présentez jamais de basse circonstance,
N'imitez pas ce fou qui, décrivant les mers,
Et peignant, au milieu de leurs flots entr'ouverts,
L'Hébreu sauvé du joug de ses injustes maîtres,
Met pour le voir passer les poissons aux fenêtres :
Peint le petit enfant qui va, saute, revient,
Et joyeux à sa mère offre un caillou qu'il tient.
Sur de trop vains objets c'est arrêter la vue.
  Donnez à votre ouvrage une juste étendue.
Que le début soit simple et n'ait rien d'affecté.
N'allez pas dès l'abord, sur Pégase monté,
Crier à vos lecteurs d'une voix de tonnerre :
« Je chante le vainqueur des vainqueurs de la terre. »
Que produira l'auteur après tous ces grands cris ?
La montagne en travail enfante une souris.
Oh ! que j'aime bien mieux cet auteur plein d'adresse,
Qui, sans faire d'abord de si haute promesse,
Me dit d'un ton aisé, doux, simple, harmonieux :
« Je chante les combats et cet homme pieux
« Qui, des bords phrygiens conduit dans l'Ausonie,
« Le premier aborda les champs de Lavinie. »
Sa muse en arrivant ne met pas tout en feu,
Et pour donner beaucoup ne nous promet que peu ;
Bientôt vous la verrez, prodiguant les miracles,
Du destin des Latins prononcer les oracles ;
De Styx et d'Achéron peindre les noirs torrens,
Et déjà les Césars dans l'Elysée errans.

De figures sans nombre égayez votre ouvrage;
Que tout y fasse aux yeux une riante image :
On peut être à la fois et pompeux et plaisant;
Et je hais un sublime ennuyeux et pesant.
J'aime mieux Arioste et ses fables comiques
Que ces auteurs toujours froids et mélancoliques
Qui dans leur sombre humeur se croiroient faire affront
Si les Grâces jamais leur dérideroient le front.
   On diroit que pour plaire, instruit par la nature,
Homère ait à Vénus dérobé sa ceinture.
Son livre est d'agrémens un fertile trésor :
Tout ce qu'il a touché se convertit en or;
Tout reçoit dans ses mains une nouvelle grâce;
Partout il divertit, et jamais il ne lasse.
Une heureuse chaleur anime ses discours ;
Il ne s'égare point en de trop longs détours.
Sans garder dans ses vers un ordre méthodique,
Son sujet de soi-même et s'arrange et s'explique :
Tout sans faire d'apprêts s'y prépare aisément ;
Chaque vers, chaque mot court à l'événement.
Aimez donc ses écrits, mais d'un amour sincère :
C'est avoir profité que de savoir s'y plaire.
   Un poème excellent, où tout marche et se suit,
N'est pas de ces travaux qu'un caprice produit :
Il veut du temps, des soins, et ce pénible ouvrage
Jamais d'un écolier ne fut l'apprentissage :
Mais souvent parmi nous un poète sans art,
Qu'un beau feu quelquefois échauffa par hasard,
Enflant d'un vain orgueil son esprit chimérique,

Fièrement prend en main la trompette héroïque :
Sa muse déréglée, en ses vers vagabonds,
Ne s'élève jamais que par sauts et par bonds ;
Et son feu, dépourvu de sens et de lecture,
S'éteint à chaque pas faute de nourriture.
Mais en vain le public, prompt à le mépriser,
De son mérite faux le veut désabuser ;
Lui-même applaudissant à son maigre génie
Se donne par ses mains l'encens qu'on lui dénie :
Virgile, au prix de lui, n'a point d'invention ;
Homère n'attend point la noble fiction.
Si contre cet arrêt le siècle se rebelle,
A la postérité d'abord il en appelle :
Mais attendant qu'ici le bon sens de retour
Ramène triomphans ses ouvrages au jour,
Leurs tas au magasin cachés à la lumière,
Combattent tristement les vers et la poussière.
Laissons-les donc entre eux s'escrimer en repos,
Et sans nous égarer suivons nôtre propos.
   Des succès fortunés du spectacle tragique
Dans Athènes naquit la comédie antique.
Là le Grec, né moqueur, par mille jeux plaisans
Distilla le venin de ses traits médisans.
Aux accès insolens d'une bouffonne joie
La sagesse, l'esprit, l'honneur furent en proie.
On vit par le public un poète avoué
S'enrichir aux dépens du mérite joué ;
Et Socrate par lui dans un chœur de nuées
D'un vil amas de peuple attirer les huées.

Enfin de la licence on arrêta le cours :
Le magistrat des lois emprunta le secours,
Et, rendant par édit les poëtes plus sages,
Défendit de marquer les noms et les visages.
Le théâtre perdit son antique fureur :
La comédie apprit à rire sans aigreur,
Sans fiel et sans venin sut instruire et reprendre,
Et plut innocemment dans les vers de Ménandre.
Chacun, peint avec art dans ce nouveau miroir,
S'y vit avec plaisir, ou crut ne s'y point voir :
L'avare, des premiers, rit du tableau fidèle
D'un avare souvent tracé sur son modèle,
Et mille fois un fat finement exprimé
Méconnut le portrait sur lui-même formé.

Que la nature donc soit votre étude unique,
Auteurs qui prétendez aux honneurs du comique.
Quiconque voit bien l'homme, et d'un esprit profond
De tant de cœurs cachés a pénétré le fond ;
Qui sait bien ce que c'est qu'un prodigue, un avare,
Un honnête homme, un fat, un jaloux, un bizarre,
Sur une scène heureuse il peut les étaler,
Et les faire à nos yeux vivre, agir et parler.
Présentez-en partout les images naïves ;
Que chacun y soit peint des couleurs les plus vives.
La nature, féconde en bizarres portraits,
Dans chaque ame est marquée à de différens traits ;
Un geste la découvre, un rien la fait paroître :
Mais tout esprit n'a pas des yeux pour la connoître.

Le temps, qui change tout, change aussi nos humeurs :

Chaque âge a ses plaisirs, son esprit et ses mœurs.

Un jeune homme, toujours bouillant dans ses caprices,
Est prompt à recevoir l'impression des vices ;
Est vain dans ses discours, volage en ses désirs,
Rétif à la censure, et fou dans les plaisirs.

L'âge viril, plus mûr, inspire un air plus sage,
Se pousse auprès des grands, s'intrigue, se ménage,
Contre les coups du sort songe à se maintenir,
Et loin dans le présent regarde l'avenir.

La vieillesse chagrine incessamment amasse ;
Garde, non pas pour soi, les trésors qu'elle entasse ;
Marche en tous ses desseins d'un pas lent et glacé ;
Toujours plaint le présent et vante le passé ;
Inhabile aux plaisirs dont la jeunesse abuse,
Blâme en eux les douceurs que l'âge lui refuse.

Ne faites point parler vos acteurs au hasard,
Un vieillard en jeune homme, un jeune homme en vieillard.
Etudiez la cour et connoissez la ville :
L'une et l'autre est toujours en modèles fertile.
C'est par là que Molière, illustrant ses écrits,
Peut-être de son art eût remporté le prix
Si, moins ami du peuple, en ses doctes peintures
Il n'eût point fait souvent grimacer ses figures,
Quitté pour le bouffon l'agréable et le fin,
Et sans honte à Térence allié Tabarin :
Dans ce sac ridicule où Scapin s'enveloppe
Je ne reconnois plus l'auteur du Misanthrope.

Le comique, ennemi des soupirs et des pleurs,
N'admet point en ses vers de tragiques douleurs ;

Mais son emploi n'est pas d'aller dans une place
De mots sales et bas charmer la populace :
Il faut que ses acteurs badinent noblement ;
Que son nœud bien formé se dénoue aisément ;
Que l'action, marchant où la raison la guide,
Ne se perde jamais dans une scène vide ;
Que son style humble et doux se relève à propos ;
Que ses discours, partout fertiles en bons mots,
Soient pleins de passions finement maniées,
Et les scènes toujours l'une à l'autre liées.
Aux dépens du bon sens gardez de plaisanter :
Jamais de la nature il ne faut s'écarter.
Contemplez de quel air un père dans Térence
Vient d'un fils amoureux gourmander l'imprudence ;
De quel air cet amant écoute ses leçons,
Et court chez sa maîtresse oublier ces chansons.
Ce n'est pas un portrait, une image semblable,
C'est un amant, un fils, un père véritable.

    J'aime sur le théâtre un agréable auteur
Qui, sans se diffamer aux yeux du spectateur,
Plaît par la raison seule et jamais ne la choque ;
Mais pour un faux plaisant à grossière équivoque,
Qui pour me divertir n'a que la saleté,
Qu'il s'en aille, s'il veut, sur deux tréteaux monté,
Amusant le Pont-Neuf de ses sornettes fades,
Aux laquais assemblés jouer ses mascarades.

CHANT IV.

Dans Florence jadis vivoit un médecin,
Savant hableur, dit-on, et célèbre assassin.
Lui seul y fit long-temps la publique misère :
Là le fils orphelin lui redemande un père ;
Ici le frère pleure un frère empoisonné ;
L'un meurt vide de sang, l'autre plein de séné ;
Le rhume à son aspect se change en pleurésie,
Et par lui la migraine est bientôt frénésie.
Il quitte enfin la ville en tous lieux détesté.
De tous ses amis morts un seul ami resté
Le mène en sa maison de superbe structure.
C'étoit un riche abbé, fou de l'architecture.
Le médecin d'abord semble né dans cet art,
Déjà de bâtimens parle comme Mansard :
D'un salon qu'on élève il condamne la face ;
Au vestibule obscur il marque une autre place ;
Approuve l'escalier tourné d'autre façon.
Son ami le conçoit, et mande son maçon.
Le maçon vient, écoute, approuve et se corrige.
Enfin, pour abréger un si plaisant prodige,
Notre assassin renonce à son art inhumain ;
Et désormais, la règle et l'équerre à la main,
Laissant de Galien la science suspecte,
De méchant médecin devient bon architecte.
      Son exemple est pour nous un précepte excellent,

Soyez plutôt maçon si c'est votre talent,
Ouvrier estimé dans un art nécessaire,
Qu'écrivain du commun et poète vulgaire.
Il est dans tout autre art des degrés différens,
On peut avec honneur remplir les seconds rangs ;
Mais dans l'art dangereux de rimer et d'écrire
Il n'est point de degrés du médiocre au pire
Qui dit froid écrivain dit détestable auteur.
Boyer est à Pinchêne égal pour le lecteur ;
On ne lit guère plus Rampale et Ménardière
Que Magnon, du Souhait, Corbin et La Morlière.
Un fou du moins fait rire et peut nous égayer,
Mais un froid écrivain ne sait rien qu'ennuyer.
J'aime mieux Bergerac et sa burlesque audace
Que ces vers où Motin se morfond et nous glace.
    Ne vous enivrez point des éloges flatteurs
Qu'un amas quelquefois de vains admirateurs
Vous donne en ces réduits, prompts à crier : Merveille!
Tel écrit récité se soutint à l'oreille,
Qui dans l'impression au grand jour se montrant
Ne soutient pas des yeux le regard pénétrant.
On sait de cent auteurs l'aventure tragique,
Et Gombaud tant loué garde encor la boutique.
    Écoutez tout le monde, assidu consultant :
Un fat quelquefois ouvre un avis important.
Quelques vers toutefois qu'Apollon vous inspire,
En tous lieux aussitôt ne courez pas les lire.
Gardez-vous d'imiter ce rimeur furieux
Qui, de ses vains écrits lecteur harmonieux,

Aborde en récitant quiconque le salue,
Et poursuit de ses vers les passans dans la rue.
Il n'est temple si saint des anges respecté
Qui soit contre sa muse un lieu de sûreté.

Je vous l'ai déjà dit, aimez qu'on vous censure,
Et, souple à la raison, corrigez sans murmure.
Mais ne vous rendez pas dès qu'un sot vous reprend.
Souvent dans son orgueil un subtil ignorant
Par d'injustes dégoûts combat toute une pièce,
Blâme des plus beaux vers la noble hardiesse.
On a beau réfuter ses vains raisonnemens,
Son esprit se complaît dans ses faux jugemens,
Et sa foible raison, de clarté dépourvue,
Pense que rien n'échappe à sa débile vue.
Ses conseils sont à craindre, et si vous les croyez,
Pensant fuir un écueil, souvent vous vous noyez.
Faites choix d'un censeur solide et salutaire,
Que la raison conduise et le savoir éclaire,
Et dont le crayon sûr d'abord aille chercher
L'endroit que l'on sent foible et qu'on se veut cacher.
Lui seul éclaircira vos doutes ridicules,
De votre esprit tremblant levera les scrupules.
C'est lui qui vous dira par quel transport heureux
Quelquefois dans sa course un esprit vigoureux
Trop resserré par l'art sort des règles prescrites,
Et de l'art même apprend à franchir leurs limites.
Mais ce parfait censeur se trouve rarement.
Tel excelle à rimer qui juge sottement:
Tel s'est fait par ses vers distinguer dans la ville

Qui jamais de Lucain n'a distingué Virgile.

Auteurs, prêtez l'oreille à mes instructions.
Voulez-vous faire aimer vos riches fictions,
Qu'en savantes leçons votre muse fertile
Partout joigne au plaisant le solide et l'utile.
Un lecteur sage fuit un vain amusement
Et veut mettre à profit son divertissement.

Que votre ame et vos mœurs, peintes dans vos ouvrage
N'offrent jamais de vous que de nobles images.
Je ne puis estimer ces dangereux auteurs
Qui de l'honneur, en vers, infâmes déserteurs,
Trahissant la vertu sur un papier coupable,
Aux yeux de leurs lecteurs rendent le vice aimable.
Je ne suis pas pourtant de ces tristes esprits
Qui, bannissant l'amour de tous chastes écrits,
D'un si riche ornement veulent priver la scène;
Traitent d'empoisonneurs et Rodrigue et Chimène.
L'amour le moins honnête exprimé chastement
N'excite point en nous de honteux mouvement.
Didon a beau gémir et m'étaler ses charmes,
Je condamne sa faute en partageant ses larmes.

Un auteur vertueux dans ses vers innocens
Ne corrompt pas le cœur en chatouillant les sens :
Son feu n'allume point de criminelle flamme.
Aimez donc la vertu, nourrissez-en votre ame.
En vain l'esprit est plein d'une noble vigueur,
Le vers se sent toujours des bassesses du cœur.

Fuyez surtout, fuyez ces basses jalousies,
Des vulgaires esprits malignes frénésies,

Un sublime écrivain n'en peut être infecté;
C'est un vice qui suit la médiocrité.
Du mérite éclatant cette sombre rivale
Contre lui chez les grands incessamment cabale,
Et, sur les pieds en vain tâchant de se hausser,
Pour s'égaler à lui cherche à le rabaisser.
Ne descendons jamais dans ces lâches intrigues;
N'allons point à l'honneur par de honteuses brigues.

Que les vers ne soient pas votre éternel emploi.
Cultivez vos amis, soyez hommes de foi:
C'est peu d'être agréable et charmant dans un livre,
Il faut savoir encore et converser et vivre.

Travaillez pour la gloire, et qu'un sordide gain
Ne soit jamais l'objet d'un illustre écrivain.
Je sais qu'un noble esprit peut sans honte et sans crime
Tirer de son travail un tribut légitime;
Mais je ne puis souffrir ces auteurs renommés
Qui, dégoûtés de gloire et d'argent affamés,
Mettent leur Apollon aux gages d'un libraire
Et font d'un art divin un métier mercenaire.

Avant que la raison, s'expliquant par la voix,
Eût instruit les humains, eût enseigné des lois,
Tous les hommes suivoient la grossière nature;
Dispersés dans les bois, couroient à la pâture;
La force tenoit lieu de droit et d'équité;
Le meurtre s'exerçoit avec impunité.
Mais du discours enfin l'harmonieuse adresse
De ces sauvages mœurs adoucit la rudesse,
Rassembla les humains dans les forêts épars,

Enferma les cités de murs et de remparts,
De l'aspect du supplice effraya l'insolence,
Et sous l'appui des lois mit la foible innocence.
Cet ordre fut, dit-on, le fruit des premiers vers.
De là sont nés ces bruits reçus dans l'univers
Qu'aux accens dont Orphée emplit les monts de Thrace
Les tigres amollis dépouilloient leur audace,
Qu'aux accords d'Amphion les pierres se mouvoient
Et sur les murs thébains en ordre s'élevoient.
L'harmonie en naissant produisit ces miracles.
Depuis le ciel en vers fit parler les oracles;
Du sein d'un prêtre ému d'une divine horreur
Apollon par des vers exhala sa fureur.
Bientôt, ressuscitant les héros des vieux âges,
Homère aux grands exploits anima les courages.
Hésiode à son tour par d'utiles leçons
Des champs trop paresseux vint hâter les moissons.
En mille écrits fameux la sagesse tracée
Fut à l'aide des vers aux mortels annoncée,
Et partout des esprits ses préceptes vainqueurs,
Introduits par l'oreille, pénétrèrent dans les cœurs.
Pour tant d'heureux bienfaits les muses révérées
Furent d'un juste encens dans la Grèce honorées;
Et leur art, attirant le culte des mortels,
A sa gloire en cent lieux vit dresser des autels.
Mais enfin, l'indigence amenant le bassesse,
Le Parnasse oublia sa première noblesse.
Un vil amour du gain, infectant les esprits,
De mensonges grossiers souilla tous les écrits,

Et partout, enfantant mille ouvrages frivoles,
Trafiqua du discours et vendit les paroles.
    Ne vous flétrissez point par un vice si bas.
Si l'or seul a pour vous d'invincibles appas,
Fuyez ces lieux charmans qu'arrose le Permessé:
Ce n'est point sur ses bords qu'habite la richesse.
Aux plus savans auteurs comme aux plus grands guerriers
Apollon ne promet qu'un nom et des lauriers.
    Mais quoi ! dans la disette une muse affamée
Ne peut pas, dira-t-on, subsister de fumée;
Un auteur qui, pressé d'un besoin importun,
Le soir entend crier ses entrailles à jeun
Goûte peu d'Hélicon les douces promenades :
Horace a bu son soûl quand il voit les Ménades,
Et, libre du souci qui trouble Colletet,
N'attend pas pour dîner le succès d'un sonnet.
    Il est vrai ; mais enfin cette affreuse disgrâce
Rarement parmi nous afflige le Parnasse.
Et que craindre en ce siècle où toujours les beaux-arts
D'un astre favorable éprouvent les regards,
Où d'un prince éclairé la sage prévoyance
Fait partout au mérite ignorer l'indigence?
    Muses, dictez sa gloire à tous vos nourrissons :
Son nom vaut mieux pour vous que toutes vos leçons.
Que Corneille, pour lui rallumant son audace,
Soit encor le Corneille et du Cid et d'Horace ;
Que Racine, enfantant des miracles nouveaux,
De ses héros sur lui forme tous ses tableaux ;
Que de son nom chanté par la bouche des belles

Benserade en tous lieux amuse les ruelles ;
Que Segrais dans l'églogue en charme les forêts,
Que pour lui l'épigramme aiguise tous ses traits.
Mais quel heureux auteur dans une autre Enéide
Aux bords du Rhin tremblant conduira cet Alcide ?
Quelle savante lyre au bruit de ses exploits
Fera marcher encor les rochers et les bois,
Chantera le Batave éperdu dans l'orage
Soi-même se noyant pour sortir du naufrage ;
Dira les bataillons sous Mastricht enterrés
Dans ces affreux assauts du soleil éclairés ?
　　Mais tandis que je parle une gloire nouvelle
Vers ce vainqueur rapide aux Alpes vous appelle.
Déjà Dole et Salins sous le joug ont ployé ;
Besançon fume encor sous son roc foudroyé.
Où sont ces grands guerriers dont les fatales ligues
Devoient à ce torrent opposer tant de digues ?
Est-ce encore en fuyant qu'ils pensent l'arrêter,
Fiers du honteux honneur d'avoir su l'éviter ?
Que de remparts détruits ! que de villes forcées !
Que de moissons de gloire en courant amassées !
　　Auteurs, pour les chanter redoublez vos transports :
Le sujet ne veut pas de vulgaires efforts.
　Pour moi qui, jusqu'ici nourri dans la satire,
N'ose encor manier la trompette et la lyre,
Vous me verrez pourtant dans ce champ glorieux
Vous animer du moins de la voix et des yeux ;
Vous offrir ces leçons que ma muse au Parnasse
Rapporta jeune encor du commerce d'Horace ;

Seconder votre ardeur, échauffer vos esprits,
Et vous montrer de loin la couronne et le prix.
Mais aussi pardonnez si, plein de ce beau zèle,
De tous vos pas fameux observateur fidèle,
Quelquefois du bon or je sépare le faux
Et des auteurs grossiers j'attaque les défauts,
Censeur un peu fâcheux, mais souvent nécessaire,
Plus enclin à blâmer que savant à bien faire.

LE LUTRIN,

POÈME HÉROI-COMIQUE.

—

CHANT PREMIER.

Je chante les combats et ce prélat terrible
Qui, par ses longs travaux et sa force invincible,
Dans une illustre église exerçant son grand cœur,
Fit placer à la fin un lutrin dans le chœur.
C'est en vain que le chantre, abusant d'un faux titre,
Deux fois l'en fit ôter par les mains du chapitre ;
Ce prélat, sur le banc de son rival altier
Deux fois le reportant, l'en couvrit tout entier.
  Muse, redis-moi donc quelle ardeur de vengeance
De ces hommes sacrés rompit l'intelligence,
Et troubla si long-temps deux célèbres rivaux.
Tant de fiel entre-t-il dans l'ame des dévots !
  Et toi, fameux héros dont la sage entremise
De ce schisme naissant débarrassa l'Eglise,
Viens d'un regard heureux animer mon projet,
Et garde-toi de rire en ce grave sujet.
  Parmi les doux plaisirs d'une paix fraternelle
Paris voyoit fleurir son antique chapelle ;

Ses chanoines vermeils et brillans de santé
S'engraissoient d'une longue et sainte oisiveté ;
Sans sortir de leurs lits plus doux que leurs hermines
Ces pieux fainéans faisoient chanter matines,
Veilloient à bien dîner et laissoient en leur lieu
A des chantres gagés le soin de louer Dieu,
Quand la Discorde, encor toute noire de crimes,
Sortant des Cordeliers pour aller aux Minimes,
Avec cet air hideux qui fait frémir la paix,
S'arrêta près d'un arbre au pied de son palais.
Là, d'un œil attentif contemplant son empire,
A l'aspect du tumulte elle-même s'admire,
Elle y voit par le coche et d'Evreux et du Mans
Accourir à grands flots ses fidèles Normands ;
Elle y voit aborder le marquis, la comtesse,
Le bourgeois, le manant, le clergé, la noblesse,
Et partout des plaideurs les escadrons épars
Faire autour de Thémis flotter ses étendards.
Mais une église seule à ses yeux immobile
Gardé au sein du tumulte une assiette tranquille :
Elle seule la brave ; elle seule aux procès
De ses paisibles murs veut défendre l'accès,
La Discorde à l'aspect d'un calme qui l'offense
Fait siffler ses serpens, s'excite à la vengeance ;
Sa bouche se remplit d'un poison odieux,
Et de longs traits de feu lui sortent par les yeux.
     Quoi ! dit-elle d'un ton qui fit trembler les vitres,
J'aurai pu jusqu'ici brouiller tous les chapitres,
Diviser Cordeliers, Carmes et Célestins ;

J'aurai fait soutenir un siége aux Augustins,
Et cette église seule, à mes ordres rebelle,
Nourrira dans son sein une paix éternelle!
Suis-je donc la Discorde ? et parmi les mortels
Qui voudra désormais encenser mes autels ?

A ces mots, d'un bonnet couvrant sa tête énorme,
Elle prend d'un vieux chantre et la taille et la forme,
Elle peint de bourgeons son visage guerrier,
Et s'en va de ce pas trouver le trésorier.

Dans le réduit obscur d'une alcôve enfoncée
S'élève un lit de plume à grands frais amassée :
Quatre rideaux pompeux, par un double contour,
En défendent l'entrée à la clarté du jour.
Là, parmi les douceurs d'un tranquille silence,
Règne sur le duvet une heureuse indolence :
C'est là que le prélat, muni d'un déjeuner,
Dormant d'un léger somme, attendoit le dîner.
La jeunesse en sa fleur brille sur son visage :
Son menton sur son sein descend à double étage ;
Et son corps ramassé dans sa courte grosseur
Fait gémir les coussins sous sa molle épaisseur.

La déesse en entrant, qui voit la nappe mise,
Admire un si bel ordre, et reconnoît l'église ;
Et, marchant à grands pas vers le lieu du repos,
Au prélat sommeillant elle adresse ces mots :

Tu dors, prélat, tu dors, et là-haut à ta place
Le chantre aux yeux du chœur étale son audace,
Chante les *Oremus*, fait des processions,
Et répand à grands flots les bénédictions.

Tu dors! Attends-tu donc que sans bulle et sans titre
Il te ravisse encor le rochet et la mitre ?
Sors de ce lit oiseux qui te tient attaché,
Et renonce au repos ou bien à l'évêché.

    Elle dit, et du vent de sa bouche profane
Lui souffle avec ces mots l'ardeur de la chicane,
Le prélat se réveille, et plein d'émotion
Lui donne toutefois la bénédiction.

    Tel qu'on voit un taureau qu'une guêpe en furie
A piqué dans les flancs aux dépens de sa vie ;
Le superbe animal, agité de tourmens,
Exhale sa douleur en longs mugissemens :
Tel le fougueux prélat, que ce songe épouvante,
Querelle en se levant et laquais et servante ;
Et, d'un juste courroux rallumant sa vigueur,
Même avant le dîner parle d'aller au chœur.
Le prudent Gilotin, son aumônier fidèle,
En vain par ses conseils sagement le rappelle ;
Lui montre le péril, que midi va sonner,
Qu'il va faire s'il sort refroidir le dîner.

    Quelle fureur, dit-il, quel aveugle caprice,
Quand le dîner est prêt, vous appelle à l'office ?
De votre dignité soutenez mieux l'éclat :
Est-ce pour travailler que vous êtes prélat ?
A quoi bon ce dégoût et ce zèle inutile ?
Est-il donc pour jeûner quatre-temps et vigile ?
Reprenez vos esprits, et souvenez-vous bien
Qu'un dîner réchauffé ne valut jamais rien.

    Ainsi dit Gilotin, et ce ministre sage

Sur table au même instant fait servir le potage.
Le prélat voit la soupe, et, plein d'un saint respect,
Demeure quelque temps muet à cet aspect.
Il cède, il dîne enfin ; mais, toujours plus farouche,
Les morceaux trop hâtés se pressent dans sa bouche.
Gilotin en gémit, et sortant de fureur
Chez tous ses partisans va semer la terreur.
On voit courir chez lui leurs troupes éperdues,
Comme l'on voit marcher les bataillons de grues
Quand le Pygmée altier, redoublant ses efforts,
De l'Hèbre ou du Strymon vient d'occuper les bords.
A l'aspect imprévu de leur foule agréable
Le prélat radouci veut se lever de table :
La douleur lui renaît, sa voix change de ton ;
Il fait par Gilotin rapporter un jambon.
Lui-même le premier, pour honorer la troupe,
D'un vin pur et vermeil il fait remplir sa coupe,
Il l'avale d'un trait ; et, chacun l'imitant,
La cruche au large ventre est vide en un instant.
Sitôt que du nectar la troupe est abreuvée
On dessert, et soudain, la nappe étant levée,
Le prélat d'une voix conforme à son malheur
Leur confie en ces mots sa trop juste douleur :
   Illustres compagnons de mes longues fatigues,
Qui m'avez soutenu par vos pieuses ligues,
Et par qui, maître enfin d'un chapitre insensé,
Seul à *Magnificat* je me vois encensé,
Souffrirez-vous toujours qu'un orgueilleux m'outrage,
Que le chantre à vos yeux détruise votre ouvrage,

Usurpe tous mes droits, et s'égalant à moi
Donne à votre lutrin et le ton et la loi ?
Ce matin même encor, ce n'est point un mensonge,
Une divinité me l'a fait voir en songe ;
L'insolent, s'emparant du fruit de mes travaux,
A prononcé pour moi le *Benedicat vos !*
Oui, pour mieux m'égorger, il prend mes propres armes.
　　Le prélat à ces mots verse un torrent de larmes.
Il veut, mais vainement, poursuivre son discours ;
Ses sanglots redoublés en arrêtent le cours.
Le zélé Gilotin, qui prend part à sa gloire,
Pour lui rendre la voix fait rapporter à boire,
Quand Sidrac, à qui l'âge allonge le chemin,
Arrive dans la chambre, un bâton à la main.
Ce vieillard dans le chœur a déjà vu quatre âges :
Il sait de tous les temps les différens usages,
Et son rare savoir, de simple marguillier,
L'éleva par degrés au rang de chevecier.
A l'aspect du prélat qui tombe en défaillance
Il devine son mal, il se ride, il s'avance ;
Et, d'un ton paternel réprimant ses douleurs :
Laisse au chantre, dit-il, la tristesse et les pleurs,
Prélat ; et pour sauver tes droits et ton empire
Ecoute seulement ce que le ciel m'inspire.
Vers cet endroit du chœur où le chantre orgueilleux
Montre, assis à ta gauche, un front si sourcilleux,
Sur ce rang d'ais serrés qui forment sa clôture
Fut jadis un lutrin d'inégale structure,
Dont les flancs élargis de leur vaste contour

Ombrageoient pleinement tous les lieux d'alentour.
Derrière ce lutrin, ainsi qu'au fond d'un antre,
A peine sur son banc on discernoit le chantre,
Tandis qu'à l'autre banc le prélat radieux,
Découvert au grand jour, attiroit tous les yeux.
Mais un démon fatal à cette ample machine,
Soit qu'une main la nuit eût hâté sa ruine,
Soit qu'ainsi de tout temps l'ordonnât le destin,
Fit tomber à nos yeux le pupitre un matin.
J'eus beau prendre le ciel et le chantre à partie,
Il fallut l'emporter dans notre sacristie,
Où depuis trente hivers, sans gloire enseveli,
Il languit tout poudreux dans un honteux oubli.
Entends-moi donc, prélat. Dès que l'ombre tranquille
Viendra d'un crêpe noir envelopper la ville
Il faut que trois de nous, sans tumulte et sans bruit,
Partent à la faveur de la naissante nuit,
Et, du lutrin rompu réunissant la masse,
Aillent d'un zèle adroit le remettre en sa place.
Si le chantre demain ose le renverser,
Alors de cent arrêts tu le peux terrasser.
Pour soutenir tes droits que le ciel autorise
Abîme tout plutôt; c'est l'esprit de l'Eglise :
C'est par là qu'un prélat signale sa vigueur.
Ne borne pas ta gloire à prier dans un chœur :
Ces vertus dans Aleth peuvent être en usage;
Mais dans Paris plaidons; c'est là notre partage.
Tes bénédictions dans le trouble croissant,
Tu pourras les répandre et par vingt et par cent;

Et pour braver le chantre en son orgueil extrême,
Les répandre à ses yeux et le bénir lui-même.
   Ce discours aussitôt frappe tous les esprits ;
Et le prélat charmé l'approuve par des cris.
Il veut que sur-le-champ dans la troupe on choisisse
Les trois que Dieu destine à ce pieux office :
Mais chacun prétend part à cet illustre emploi.
Le sort, dit le prélat, vous servira de loi.
Que l'on tire au billet ceux que l'on doit élire.
Il dit ; on obéit, on se presse d'écrire.
Aussitôt trente noms sur le papier tracés
Sont au fond d'un bonnet par billets entassés ;
Pour tirer ces billets avec moins d'artifice
Guillaume, enfant de chœur, prête sa main novice :
Son front nouveau tondu, symbole de candeur,
Rougit en approchant d'une honnête pudeur.
Cependant le prélat, l'œil au ciel, la main nue,
Bénit trois fois les noms et trois fois les remue.
Il tourne le bonnet : l'enfant tire ; et Brontin
Est le premier des noms qu'apporte le destin.
Le prélat en conçoit un favorable augure,
Et ce nom dans la troupe excite un doux murmure.
On se tait ; et bientôt on voit paroître au jour
Le nom, le fameux nom du perruquier l'Amour.
Ce nouvel Adonis, à la blonde crinière,
Est l'unique souci d'Anne, sa perruquière :
Ils s'adorent l'un l'autre ; et ce couple charmant
S'unit long-temps, dit-on, avant le sacrement :
Mais depuis trois moissons à leur saint assemblage

L'official a joint le nom de mariage,
Ce perruquier superbe est l'effroi du quartier,
Et son courage est peint sur son visage altier.
Un des noms reste encore, et le prélat par grâce
Une dernière fois les brouille et les ressasse.
Chacun croit que son nom est le dernier des trois
Mais que ne dis-tu point, ô puissant porte-croix,
Boirude, sacristain, cher appui de ton maître,
Lorsqu'aux yeux du prélat tu vis ton nom paroître !
On dit que ton front jaune et ton teint sans couleur
Perdit en ce moment son antique pâleur,
Et que ton corps goutteux, plein d'une ardeur guerrière,
Pour sauter au plancher fit deux pas en arrière.
Chacun bénit tout haut l'arbitre des humains,
Qui remet leur bon droit en de si bonnes mains.
Aussitôt on se lève, et l'assemblée en foule
Avec un bruit confus par les portes s'écoule.
    Le prélat resté seul calme un peu son dépit,
Et jusques au souper se couche et s'assoupit.

CHANT II.

Cependant cet oiseau qui prône les merveilles,
Ce monstre composé de bouches et d'oreilles,
Qui, sans cesse volant de climats en climats,
Dit partout ce qu'il sait et ce qu'il ne sait pas;
Le Renommée enfin, cette prompte courrière,
Va d'un mortel effroi glacer la perruquière;
Lui dit que son époux, d'un faux zèle conduit,
Pour placer un lutrin doit veiller cette nuit.
A ce triste récit, tremblante, désolée,
Elle accourt l'œil en feu, la tête échevelée,
Et, trop sûre d'un mal qu'on pense lui celer:
Oses-tu bien encor, traître, dissimuler?
Dit-elle; et ni la foi que ta main m'a donnée,
Ni nos embrassemens qu'a suivis l'hyménée,
Ni ton épouse enfin toute prête à périr
Ne sauroient donc t'ôter cette ardeur de courir!
Perfide! si du moins à ton devoir fidèle
Tu veillois pour orner quelque tête nouvelle!
L'espoir d'un juste gain consolant ma langueur
Pourroit de ton absence adoucir la longueur.
Mais quel zèle indiscret, quelle aveugle entreprise
Arme aujourd'hui ton bras en faveur d'une église?
Où vas-tu, cher époux? est-ce que tu me fuis?
As-tu donc oublié tant de si douces nuits?
Quoi! d'un œil sans pitié vois-tu couler mes larmes?

Au nom de nos baisers jadis si pleins de charmes,
Si mon cœur, de tout temps facile à tes désirs,
N'a jamais d'un moment différé tes plaisirs,
Si pour te prodiguer mes plus tendres caresses
Je n'ai point exigé ni sermens ni promesses;
Si toi seul à mon lit enfin eus toujours part,
Diffère au moins d'un jour ce funeste départ.

En achevant ces mots cette amante enflammée
Sur un placet voisin tombe demi-pâmée.
Son époux s'en émeut, et son cœur éperdu
Entre deux passions demeure suspendu;
Mais enfin, rappelant son audace première :
Ma femme, lui dit-il d'une voix douce et fière,
Je ne veux point nier les solides bienfaits
Dont ton amour prodigue a comblé mes souhaits,
Et le Rhin de ses flots ira grossir la Loire
Avant que tes faveurs sortent de ma mémoire.
Mais ne présume pas qu'en te donnant ma foi
L'hymen m'ait pour jamais asservi sous ta loi.
Si le ciel en mes mains eût mis ma destinée,
Nous aurions fui tous deux le joug de l'hyménée;
Et sans nous opposer ces devoirs prétendus,
Nous goûterions encor des plaisirs défendus
Cesse donc à mes yeux d'étaler un vain titre :
Ne m'ôte pas l'honneur d'élever un pupitre;
Et toi-même, donnant un frein à tes désirs,
Raffermis ma vertu qu'ébranlent tes soupirs.
Que te dirai-je enfin? c'est le ciel qui m'appelle.
Une église, un prélat m'engage en sa querelle.

Il faut partir, j'y cours. Dissipe tes douleurs,
Et ne me trouble plus par ces indignes pleurs.
   Il la quitte à ces mots. Son amante effarée
Demeure le teint pâle et la vue égarée :
La force l'abandonne ; et sa bouche, trois fois
Voulant le rappeler, ne trouve plus de voix.
Elle fuit, et, de pleurs inondant son visage,
Seule pour s'enfermer vole au cinquième étage.
Mais d'un bouge prochain accourant à ce bruit
Sa servante Alizon la rattrape et la suit.
   Les ombres cependant sur la ville épandues
Du faîte des maisons descendent dans les rues,
Le souper hors du chœur chasse les chapelains,
Et de chantres buvans les cabarets sont pleins.
Le redouté Brontin, que son devoir éveille,
Sort à l'instant chargé d'une triple bouteille
D'un vin dont Gilotin, qui savoit tout prévoir,
Au sortir du conseil eut soin de le pourvoir.
L'odeur d'un jus si doux lui rend le faix moins rude.
Il est bientôt suivi du sacristain Boirude ;
Et tous deux de ce pas s'en vont avec chaleur
Du trop lent perruquier réveiller la valeur.
Partons, lui dit Brontin : déjà le jour plus sombre
Dans les eaux s'éteignant va faire place à l'ombre.
D'où vient ce noir chagrin que je lis dans tes yeux ?
Quoi ! le pardon sonnant te retrouve en ces lieux !
Où donc est ce grand cœur dont tantôt l'allégresse
Sembloit du jour trop long accuser la paresse ?
Marche, et suis-nous du moins où l'honneur nous attend.

Le perruquier honteux rougit en l'écoutant.
Aussitôt de longs clous il prend une poignée ;
Sur son épaule il charge une lourde cognée,
Et derrière son dos, qui tremble sous le poids,
Il attache une scie en forme de carquois :
Il sort au même instant, il se met à leur tête.
A suivre ce grand chef l'un et l'autre s'apprête :
Leur cœur semble allumé d'un zèle tout nouveau ;
Brontin tient un maillet , et Boirude un marteau.
La lune, qui du ciel voit leur démarche altière,
Retire en leur faveur sa paisible lumière.
La Discorde en sourit, et les suivant des yeux
De joie en les voyant pousse un cri dans les cieux.
L'air, qui gémit du cri de l'horrible déesse,
Va jusque dans Cîteaux réveiller la Mollesse.
C'est là qu'en un dortoir elle fait son séjour.
Les plaisirs nonchalans folâtrent à l'entour :
L'un pétrit dans un coin l'embonpoint des chanoines ;
L'autre broie en riant le vermillon des moines :
La Volupté la sert avec des yeux dévots,
Et toujours le Sommeil lui verse des pavots.
Ce soir plus que jamais en vain il les redouble.
La Mollesse à ce bruit se réveille, se trouble,
Quand la Nuit, qui déjà va tout envelopper,
D'un funeste récit vient encor la frapper ;
Lui conte du prélat l'entreprise nouvelle :
Aux pieds des murs sacrés d'une sainte chapelle
Elle a vu trois guerriers ennemis de la paix
Marcher à la faveur de ses voiles épais :

La Discorde en ces lieux menace de s'accroître!
Demain avec l'aurore un lutrin va paroître,
Qui doit y soulever un peuple de mutins.
Ainsi le ciel l'écrit au livre des destins.

    A ce triste discours qu'un long soupir achéve
La Mollesse en pleurant sur un bras se reléve,
Ouvre un œil languissant, et d'une foible voix
Laisse tomber ces mots qu'elle interrompt vingt fois:
O Nuit ! que m'as-tu dit ? quel démon sur la terre
Souffle dans tous les cœurs la fatigue et la guerre?
Hélas ! qu'est devenu ce temps, cet heureux temps
Où les rois s'honoroient du nom de fainéans,
S'endormoient sur le trône, et me servant sans honte
Laissoient leur sceptre aux mains ou d'un maire ou d'un
Aucun soin n'approchoit de leur paisible cœur : [comte!
On reposoit la nuit, on dormoit tout le jour.
Seulement au printemps, quand Flore dans les plaines
Faisoit taire des vents les bruyantes haleines,
Quatre bœufs attelés, d'un pas tranquille et lent,
Promenoient dans Paris le monarque indolent.
Ce doux siécle n'est plus. Le ciel impitoyable
A placé sur leur trône un prince infatigable.
Il brave mes douceurs, il est sourd à ma voix:
Tous les jours il m'éveille au bruit de ses exploits.
Rien ne peut arréter sa vigilante audace:
L'été n'a point de feux, l'hiver n'a point de glaces.
J'entends à son seul nom tous mes sujets frémir.
En vain deux fois la paix a voulu l'endormir:
Loin de moi son courage, entraîné par la gloire,

Ne se plaît qu'à courir de victoire en victoire.
Je me fatiguerois à te tracer le cours
Des outrages cruels qu'il me fait tous les jours.
Je croyois, loin des lieux d'où ce prince m'exile,
Que l'Eglise du moins m'assuroit un asile.
Mais en vain j'espérois y régner sans effroi;
Moines, abbés, prieurs, tout s'arme contre moi.
Par mon exil honteux la Trappe est ennoblie;
J'ai vu dans Saint-Denis la réforme établie;
Le Carme, le Feuillant s'endurcit aux travaux;
Et la règle déjà se remet dans Clairvaux.
Cîteaux dormoit encore, et la sainte Chapelle
Conservoit du vieux temps l'oisiveté fidèle;
Et voici qu'un lutrin, prêt à tout renverser,
D'un séjour si chéri vient encor me chasser!
O toi, de mon repos compagne aimable et sombre,
A de si noirs forfaits prêteras-tu ton ombre?
Ah! Nuit, si tant de fois dans les bras de l'amour
Je t'admis aux plaisirs que je cachois au jour,
Du moins ne permets pas... La Mollesse oppressée
Dans sa bouche à ce mot sent sa langue glacée;
Et lasse de parler, succombant sous l'effort,
Soupire, étend les bras, ferme l'œil et s'endort.

CHANT III.

Mais la Nuit aussitôt de ses ailes affreuses
Couvre des Bourguignons les campagnes vineuses,
Revole vers Paris, et hâtant son retour
Déjà de Mont-Lhéri voit la fameuse tour.
Ses murs, dont le sommet se dérobe à la vue,
Sur la cime d'un roc s'allongent dans la nue,
Et, présentant de loin leur objet ennuyeux,
Du passant qui le fuit semblent suivre les yeux.
Mille oiseaux effrayans, mille corbeaux funèbres
De ces murs désertés habitent les ténèbres.
Là depuis trente hivers un hibou retiré
Trouvoit contre le jour un refuge assuré.
Des désastres fameux ce messager fidèle
Sait toujours des malheurs la première nouvelle,
Et, tout prêt d'en semer le présage odieux,
Il attendoit la Nuit dans ces sauvages lieux.
Aux cris qu'à son abord vers le ciel il envoie
Il rend tous ses voisins attristés de sa joie.
La plaintive Progné de douleur en frémit,
Et dans les bois prochains Philomèle en gémit.
Suis-moi, lui dit la Nuit. L'oiseau plein d'allégresse
Reconnoît à ce ton la voix de sa maîtresse.
Il la suit, et tous deux d'un cours précipité
De Paris à l'instant abordent la cité ;
Là, s'élançant d'un vol que le vent favorise,

Ils montent au sommet de la fatale église.
La Nuit baisse la vue, et du haut du clocher
Observe les guerriers, les regarde marcher.
Elle voit le barbier qui d'une main légère
Tient un verre de vin qui rit dans la fougère,
Et chacun, tour à tour s'inondant de ce jus,
Célébrer en buvant Gilotin et Bacchus.
Ils triomphent, dit-elle, et leur ame abusée
Se promet dans mon ombre une victoire aisée;
Mais allons : il est temps qu'ils connoissent la Nuit.
A ces mots, regardant le hibou qui la suit,
Elle perce les murs de la voûte sacrée ;
Jusqu'en la sacristie elle s'ouvre une entrée,
Et dans le ventre creux du pupitre fatal
Va placer de ce pas le sinistre animal.

    Mais les trois champions, pleins de vin et d'audace,
Du palais cependant passent la grande place;
Et, suivant de Bacchus les auspices sacrés,
De l'auguste chapelle ils montent les degrés.
Ils atteignoient déjà le superbe portique
Où Ribou le libraire, au fond de sa boutique,
Sous vingt fidèles clés garde et tient en dépôt
L'amas toujours entier des écrits de Haynaut,
Quand Boirude, qui voit que le péril approche,
Les arrête, et, tirant un fusil de sa poche,
Des veines d'un caillou, qu'il frappe au même instant,
Il fait jaillir un feu qui pétille en sortant ;
Et bientôt au brasier d'une mèche enflammée
Montre à l'aide du soufre une cire allumée.

Cet astre tremblotant, dont le jour les conduit,
Est pour eux un soleil au milieu de la nuit.
Le temple à sa faveur est ouvert par Boirude :
Ils passent de la nef la vaste solitude,
Et dans la sacristie entrant non sans terreur
En percent jusqu'au fond la ténébreuse horreur.
 C'est là que du lutrin gît la machine énorme :
La troupe quelque temps en admire la forme,
Mais le barbier, qui tient les momens précieux,
Ce spectacle n'est pas pour amuser nos yeux,
Dit-il ; le temps est cher, portons-le dans le temple :
C'est là qu'il faut demain qu'un prélat le contemple.
Et d'un bras, à ces mots, qui peut tout ébranler
Lui-même se courbant s'apprête à le rouler.
Mais à peine il y touche, ô prodige incroyable !
Que du pupitre sort une voix effroyable.
Brontin en est ému, le sacristain pâlit,
Le perruquier commence à regretter son lit.
Dans son hardi projet toutefois il s'obstine,
Lorsque des flancs poudreux de la vaste machine
L'oiseau sort en courroux, et d'un cri menaçant
Achève d'étonner le barbier frémissant :
De ses ailes dans l'air secouant la poussière,
Dans la main de Boirude il éteint la lumière.
Les guerriers à ce coup demeurent confondus ;
Ils regagnent la nef de frayeur éperdus :
Sous leurs corps tremblotans leurs genoux s'affoiblissent,
D'une subite horreur leurs cheveux se hérissent ;
Et bientôt, au travers des ombres de la nuit,

Le timide escadron se dissipe et s'enfuit.

Ainsi lorsqu'en un coin, qui leur tient lieu d'asile,
D'écoliers libertins une troupe indocile,
Loin des yeux d'un préfet au travail assidu,
Va tenir quelquefois un brelan défendu,
Si du veillant Argus la figure effrayante
Dans l'ardeur du plaisir à leurs yeux se présente,
Le jeu cesse à l'instant, l'asile est déserté,
Et tout fuit à grands pas le tyran redouté.

La Discorde, qui voit leur honteuse disgrâce,
Dans les airs cependant tonne, éclate, menace,
Et, malgré la frayeur dont leurs cœurs sont glacés,
S'apprête à réunir ses soldats dispersés.
Aussitôt de Sidrac elle emprunte l'image :
Elle ride son front, allonge son visage,
Sur un bâton noueux laisse courber son corps,
Dont la chicane semble animer les ressorts ;
Prend un cierge en sa main, et d'une voix cassée
Vient ainsi gourmander la troupe terrassée :

Lâches, où fuyez-vous ? quelle peur vous abat ?
Aux cris d'un vil oiseau vous cédez sans combat!
Où sont ces beaux discours jadis si pleins d'audace?
Craignez-vous d'un hibou l'impuissante grimace ?
Que feriez-vous, hélas ! si quelque exploit nouveau
Chaque jour comme moi vous traînoit au barreau ;
S'il falloit sans amis, briguant une audience,
D'un magistrat glacé soutenir la présence,
Ou, d'un nouveau procès hardi solliciteur,
Aborder sans argent un clerc de rapporteur ?

Croyez-moi, mes enfans, je vous parle à bon titre :
J'ai moi seul autrefois plaidé tout un chapitre ;
Et le barreau n'a point de monstres si hagards
Dont mon œil n'ait cent fois soutenu les regards.
Tous les jours sans trembler j'assiégeois leurs passages.
L'église étoit alors fertile en grands courages :
Le moindre d'entre nous sans argent, sans appui,
Eût plaidé le prélat et le chantre avec lui.
Le monde, de qui l'âge avance les ruines,
Ne peut plus enfanter de ces ames divines :
Mais que vos cœurs du moins, imitant leurs vertus,
De l'aspect d'un hibou ne soient pas abattus.
Songez quel déshonneur va souiller votre gloire
Quand le chantre demain entendra sa victoire.
Vous verrez tous les jours le chanoine insolent
Au seul mot de hibou vous sourire en parlant.
Votre ame à ce penser de colère murmure :
Allez donc de ce pas en prévenir l'injure ;
Méritez les lauriers qui vous sont réservés,
Et ressouvenez-vous quel prélat vous servez.
Mais déjà la fureur dans vos yeux étincelle :
Marchez, courez, volez où l'honneur vous appelle.
Que le prélat, surpris d'un changement si prompt,
Apprenne la vengeance aussitôt que l'affront.
    En achevant ces mots la déesse guerrière
De son pied trace en l'air un sillon de lumière :
Rend aux trois champions leur intrépidité,
Et les laisse tout pleins de sa divinité.

C'est ainsi, grand Condé, qu'en ce combat célèbre
Où ton bras fit trembler le Rhin, l'Escaut et l'Ebre,
Lorsqu'aux plaines de Lens nos bataillons poussés
Furent presque à tes yeux ouverts et renversés,
Ta valeur arrêtant les troupes fugitives
Rallia d'un regard leurs cohortes craintives,
Répandit dans leurs rangs ton esprit belliqueux,
Et força la victoire à te suivre avec eux.

La colère à l'instant succédant à la crainte,
Ils rallument le feu de leur bougie éteinte:
Ils rentrent ; l'oiseau sort : l'escadron raffermi
Rit du honteux départ d'un si foible ennemi.
Aussitôt dans le chœur la machine emportée
.Est sur le banc du chantre à grand bruit remontée.
Ses ais demi-pourris, que l'âge a relâchés,
Sont à coups de maillet unis et rapprochés.
Sous les coups redoublés tous les bancs retentissent;
Les murs en sont émus, les voûtes en gémissent,
Et l'orgue même en pousse un long gémissement.

Que fais–tu chantre, hélas ! dans ce triste moment?
Tu dors d'un profond somme, et ton cœur sans alarmes
Ne sait pas qu'on bâtit l'instrument de tes larmes !
Oh ! que si quelque bruit par un heureux réveil
T'annonçoit du lutrin le funeste appareil,
Avant que de souffrir qu'on en posât la masse
Tu viendrois en apôtre expirer dans ta place ;
Et, martyr glorieux d'un point d'honneur nouveau,
Offrir ton corps aux clous et ta tête au marteau.

Mais déjà sur ton banc la machine enclavée
Est durant ton sommeil à ta honte élevée.
Le sacristain achéve en deux coups de rabot,
Et le pupitre enfin tourne sur son pivot.

CHANT IV.

Les cloches dans les airs de leurs voix argentines
Appeloient à grand bruit les chantres à matines,
Quand leur chef, agité d'un sommeil effrayant,
Encor tout en sueur se réveille en criant.
Aux élans redoublés de sa voix douloureuse
Tous ses valets tremblans quittent la plume oiseuse.
Le vigilant Girot court à lui le premier.
C'est d'un maître si saint le plus digne officier ;
La porte dans le chœur à sa garde est commise :
Valet souple au logis, fier huissier à l'église.
Quel chagrin, lui dit-il, trouble votre sommeil ?
Quoi ! voulez-vous au chœur prévenir le soleil ?
Ah ! dormez, et laissez à des chantres vulgaires
Le soin d'aller sitôt mériter leurs salaires.
Ami, lui dit le chantre encor pâle d'horreur,
N'insulte point, de grâce, à ma juste terreur ;
Mêle plutôt ici tes soupirs à mes plaintes,
Et tremble en écoutant le sujet de mes craintes.
Pour la seconde fois un sommeil gracieux
Avoit sous ses pavots appesanti mes yeux
Quand, l'esprit enivré d'une douce fumée,
J'ai cru remplir au chœur ma place accoutumée.
Là, triomphant aux yeux des chantres impuissans,
Je bénissois le peuple et j'avalois l'encens,
Lorsque du fond caché de notre sacristie

Une épaisse nuée à longs flots est sortie,
Qui s'ouvrant à mes yeux dans son bleuâtre éclat
M'a fait voir un serpent conduit par le prélat.
Du corps de ce dragon, plein de soufre et de nitre,
Une tête sortoit en forme de pupitre,
Dont le triangle affreux, tout hérissé de crins,
Surpassoit en grosseur nos plus épais lutrins.
Animé par son guide, en sifflant il s'avance;
Contre moi sur mon banc je le vois qui s'élance.
J'ai crié, mais en vain; et fuyant sa fureur
Je me suis réveillé plein de trouble et d'horreur.
　　Le chantre, s'arrêtant à cet endroit funeste,
A ses yeux effrayés laisse dire le reste.
Girot en vain l'assure, et riant de sa peur
Nomme sa vision l'effet d'une vapeur.
Le désolé vieillard, qui hait la raillerie,
Lui défend de parler, sort du lit en furie.
On apporte à l'instant ses somptueux habits,
Où sur l'ouate molle éclate le tabis.
D'une longue soutane il endosse la moire,
Prend ses gants violets, les marques de sa gloire,
Et saisit en pleurant ce rochet qu'autrefois
Le prélat trop jaloux lui rogna de trois doigts.
Aussitôt d'un bonnet ornant sa tête grise,
Déjà l'aumusse en main il marche vers l'église,
Et, hâtant de ses ans l'importune lenteur,
Court, vole, et le premier arrive dans le chœur.
　　O toi qui sur ces bords qu'une eau dormante mouille
Vis combattre autrefois le rat et la grenouille,

Qui par les traits hardis d'un bizarre pinceau
Mis l'Italie en feu pour la perte d'un seau,
Muse, prête à ma bouche une voix plus sauvage
Pour chanter le dépit, la colère, la rage
Que le chantre sentit allumer dans son sang
A l'aspect du pupitre élevé sur son banc.
D'abord pâle et muet, de colère immobile,
A force de douleur il demeura tranquille;
Mais sa voix s'échappant au travers des sanglots
Dans sa bouche à la fin fit passage à ces mots :
La voilà donc, Girot, cette hydre épouvantable
Que m'a fait voir un songe, hélas ! trop véritable !
Je le vois ce dragon tout prêt à m'égorger,
Ce pupitre fatal qui me doit ombrager !
Prélat, que t'ai-je fait ? quelle rage envieuse
Rend pour me tourmenter ton ame ingénieuse ?
Quoi ! même dans ton lit, cruel, entre deux draps,
Ta profane fureur ne se repose pas !
O ciel ! quoi ! sur mon banc une honteuse masse
Désormais me va faire un cachot de ma place !
Inconnu dans l'église, ignoré dans ce lieu,
Je ne pourrai donc plus être vu que de Dieu !
Ah ! plutôt qu'un moment cet affront m'obscurcisse,
Renonçons à l'autel, abandonnons l'office;
Et sans lasser le ciel par des chants superflus
Ne voyons plus un chœur où l'on ne nous voit plus.
Sortons..... Mais cependant mon ennemi tranquille
Jouira sur son banc de ma rage inutile,
Et verra dans le chœur le pupitre exhaussé

Tourner sur le pivot où sa main l'a placé !
Non, s'il n'est abattu je ne saurois plus vivre.
A moi, Girot, je veux que mon bras m'en délivre.
Périssons s'il le faut, mais de ses ais brisés
Entraînons en mourant les restes divisés.

　　A ces mots, d'une main par la rage affermie,
Il saisissoit déjà la machine ennemie
Lorsqu'en ce sacré lieu, par un heureux hasard,
Entrent Jean le choriste et le sonneur Girard,
Deux Manseaux renommés, en qui l'expérience
Pour les procés est jointe à la vaste science.
L'un et l'autre aussitôt prend part à son affront.
Toutefois condamnant un mouvement trop prompt,
Du lutrin, disent-ils, abattons la machine ;
Mais ne nous chargeons pas tout seuls de sa ruine,
Et que tantôt, aux yeux du chapitre assemblé,
Il soit sous trente mains en plein jour accablé.

　　Ces mots des mains du chantre arrachent le pupitre.
J'y consens, leur dit-il ; assemblons le chapitre.
Allez donc de ce pas par de saints hurlemens
Vous-mêmes appeler les chanoines dormans.
Partez. Mais ce discours les surprend et les glace.
Nous ! qu'en ce vain projet, pleins d'une folle audace,
Nous allions, dit Girard, la nuit nous engager !
De notre complaisance osez-vous l'exiger ?
Eh ! seigneur ! quand nos cris pourroient du fond des rues
De leurs appartemens percer les avenues,
Réveiller ces valets autour d'eux étendus,
De leur sacré repos ministres assidus,

Et pénétrer des lits au bruit inaccessibles ,
Pensez-vous, au moment que les ombres paisibles
A ces lits enchanteurs ont su les attacher,
Que la voix d'un mortel les en puisse arracher ?
Deux chantres feront-ils, dans l'ardeur de vous plaire,
Ce que depuis trente ans six cloches n'ont pu faire ?
    Ah! je vois bien où tend tout ce discours trompeur,
Reprend le chaud vieillard : le prélat vous fait peur.
Je vous ai vus cent fois sous sa main bénissante
Courber servilement une épaule tremblante.
Eh bien ! allez ; sous lui fléchissez les genoux;
Je saurai réveiller les chanoines sans vous.
Viens, Girot, seul ami qui me reste fidèle;
Prenons du saint jeudi la bruyante crécelle.
Suis-moi. Qu'à son lever le soleil aujourd'hui
Trouve tout le chapitre éveillé devant lui.
    Il dit. Du fond poudreux d'une armoire sacrée
Par les mains de Girot la crécelle est tirée.
Ils sortent à l'instant, et par d'heureux efforts
Du lugubre instrument font crier les ressorts.
Pour augmenter l'effroi la Discorde infernale
Monte dans le palais, entre dans la grand'salle,
Et du fond de cet antre, au travers de la nuit,
Fait sortir le démon du tumulte et du bruit.
Le quartier alarmé n'a plus d'yeux qui sommeillent;
Déjà de toutes parts les chanoines s'éveillent:
L'un croit que le tonnerre est tombé sur les toits,
Et que l'église brûle une seconde fois ;
L'autre, encore agité de vapeurs plus funèbres,

Pense être au jeudi saint, croit que l'on dit ténèbres,
Et déjà tout confus, tenant midi sonné,
En soi-même frémit de n'avoir point dîné.

Ainsi, lorsque tout prêt à briser cent murailles
Louis, la foudre en main abandonnant Versailles,
Au retour du soleil et des zéphyrs nouveaux,
Fait dans les champs de Mars déployer ses drapeaux,
Au seul bruit répandu de sa marche étonnante
Le Danube s'émeut, le Tage s'épouvante,
Bruxelle attend le coup qui la doit foudroyer,
Et le Batave encore est prêt à se noyer.

Mais en vain dans leurs lits un juste effroi les presse :
Aucun ne laisse encor la plume enchanteresse.
Pour les en arracher Girot s'inquiétant
Va crier qu'au chapitre un repas les attend.
Ce mot dans tous les cœurs répand la vigilance :
Tout s'ébranle, tout sort, tout marche en diligence.
Ils courent au chapitre, et chacun se pressant
Flatte d'un doux espoir son appétit naissant.
Mais, ô d'un déjeuner vaine et frivole attente !
A peine ils sont assis que d'une voix dolente
Le chantre désolé lamentant son malheur
Fait mourir l'appétit et naître la douleur.
Le seul chanoine Evrard, d'abstinence incapable,
Ose encor proposer qu'on apporte la table.
Mais il a beau presser, aucun ne lui répond :
Quand, le premier rompant ce silence profond,
Alain tousse et se lève, Alain ce savant homme,
Qui de Bauny vingt fois a lu toute la somme,

Qui possède Abéli, qui sait tout Raconis,
Et même entend, dit-on, le latin d'A-Kempis.

N'en doutez point, leur dit ce savant canoniste,
Ce coup part, j'en suis sûr, d'une main janséniste.
Mes yeux en sont témoins : j'ai vu moi-même hier
Entrer chez le prélat le chapelain Garnier.
Arnauld, cet hérétique ardent à nous détruire,
Par ce ministre adroit tente de le séduire :
Sans doute il aura lu dans son saint Augustin
Qu'autrefois saint Louis érigea ce lutrin ;
Il va nous inonder des torrens de sa plume.
Il faut pour lui répondre ouvrir plus d'un volume.
Consultons sur ce point quelque auteur signalé ;
Voyons si des lutrins Bauny n'a point parlé :
Etudions enfin, il en est temps encore ;
Et pour ce grand projet, tantôt dès que l'aurore
Rallumera le jour dans l'onde enseveli,
Que chacun prenne en main le moelleux Abéli.

Ce conseil imprévu de nouveau les étonne :
Surtout le gras Evrard d'épouvante en frissonne.
Moi, dit-il, qu'à mon âge, écolier tout nouveau,
J'aille pour un lutrin me troubler le cerveau !
O le plaisant conseil ! Non, non, songeons à vivre :
Va maigrir, si tu veux, et sécher sur un livre.
Pour moi, je lis la bible autant que l'alcoran.
Je sais ce qu'un fermier nous doit rendre par an,
Sur quelle vigne à Reims nous avons hypothèque :
Vingt muids rangés chez moi font ma bibliothèque.
En plaçant un pupitre on croit nous rabaisser ;

Mon bras seul sans latin saura le renverser.
Que m'importe qu'Arnauld me condamne ou m'approu
J'abats ce qui me nuit partout où je le trouve :
C'est là mon sentiment. A quoi bon tant d'apprêts?
Du reste déjeunons, messieurs, et buvons frais.

Ce discours, que soutient l'embonpoint du visage,
Rétablit l'appétit, réchauffe le courage :
Mais le chantre surtout en paroît rassuré.
Oui, dit-il, le pupitre a déjà trop duré.
Allons sur sa ruine assurer ma vengeance :
Donnons à ce grand œuvre une heure d'abstinence,
Et qu'au retour tantôt un ample déjeuner
Long-temps nous tienne à table et s'unisse au dîner.

Aussitôt il se lève, et la troupe fidèle
Par ces mots attirans sent redoubler son zèle.
Ils marchent droit au chœur d'un pas audacieux,
Et bientôt le lutrin se fait voir à leurs yeux.
A ce terrible objet aucun d'eux ne consulte,
Sur l'ennemi commun ils fondent en tumulte:
Ils sapent le pivot qui se défend en vain ;
Chacun sur lui d'un coup veut honorer sa main.
Enfin sous tant defforts la machine succombe,
Et son corps entr'ouvert chancelle, éclate et tombe:
Tel sur les monts glacés des farouches Gélons
Tombe un chêne battu des voisins aquilons ;
Ou tel, abandonné de ses poutres usées,
Fond enfin un vieux toit sous ses tuiles brisées.
La masse est emportée, et ses ais arrachés
Sont aux yeux des mortels chez le chantre cachés.

CHANT V.

L'aurore cependant, d'un juste effroi troublée,
Des chanoines levés voit la troupe assemblée,
Et contemple long-temps avec des yeux confus
Ces visages fleuris qu'elle n'a jamais vus.
Chez Sidrac aussitôt Brontin d'un pied fidèle
Du pupitre abattu va porter la nouvelle.
Le vieillard de ses soins bénit l'heureux succès,
Et sur un bois détruit bâtit mille procès.
L'espoir d'un doux tumulte échauffant son courage,
Il ne sent plus le poids ni les glaces de l'âge ;
Et chez le trésorier de ce pas, à grand bruit,
Vient étaler au jour les crimes de la nuit.
    Au récit imprévu de l'horrible insolence
Le prélat hors du lit impétueux s'élance.
Vainement d'un breuvage à deux mains apporté
Gilotin avant tout le veut voir humecté:
Il veut partir à jeun. Il se peigne, il s'apprête:
L'ivoire trop hâté deux fois rompt sur sa tête,
Et deux fois de sa main le buis tombe en morceaux :
Tel Hercule filant rompoit tous les fuseaux.
Il sort demi-paré. Mais déjà sur sa porte
Il voit de saints guerriers une ardente cohorte,
Qui tous, remplis pour lui d'une égale vigueur,
Sont prêts pour le servir à déserter le chœur.
Mais le vieillard condamne un projet inutile.

Nos destins sont, dit-il, écrits chez la Sibylle :
Son antre n'est pas loin ; allons la consulter,
Et subissons la loi qu'elle nous va dicter.
Il dit : à ce conseil, où la raison domine,
Sur ses pas au barreau la troupe s'achemine,
Et bientôt dans le temple entend, non sans frémir,
De l'antre redouté les soupiraux gémir.
  Entre ces vieux appuis dont l'affreuse grand'salle
Soutient l'énorme poids de sa voûte infernale
Est un pilier fameux des plaideurs respecté
Et toujours de Normands à midi fréquenté.
Là, sur des tas poudreux de sacs et de pratique,
Hurle tous les matins une Sibylle étique :
On l'appelle Chicane ; et ce monstre odieux
Jamais pour l'équité n'eut d'oreilles ni d'yeux.
La Disette au teint blême et la triste Famine,
Les Chagrins dévorans et l'infâme Ruine,
Enfans infortunés de ses raffinemens,
Troublent l'air d'alentour de longs gémissemens.
Sans cesse feuilletant les lois et la coutume,
Pour consumer autrui le monstre se consume ;
Et, dévorant maisons, palais, châteaux entiers,
Rend pour des monceaux d'or de vains tas de papiers.
Sous le coupable effort de sa noire insolence
Thémis a vu cent fois chanceler sa balance.
Incessamment il va de détour en détour :
Comme un hibou souvent il se dérobe au jour :
Tantôt, les yeux en feu, c'est un lion superbe ;
Tantôt, humble serpent, il se glisse sous l'herbe.

En vain pour le dompter le plus juste des rois
Fit régler le chaos des ténébreuses lois :
Ses griffes, vainement par Pussort accourcies,
Se rallongent déjà, toujours d'encre noircies ;
Et ses ruses, perçant et digues et remparts,
Par cent brêches déjà rentrent de toutes parts.

    Le vieillard humblement l'aborde et le salue,
Et faisant avant tout briller l'or à sa vue,
Reine des longs procès, dit-il, dont le savoir
Rend la force inutile et les lois sans pouvoir,
Toi pour qui dans le Mans le laboureur moissonne,
Pour qui naissent à Caen tous les fruits de l'automne,
Si, dès mes premiers ans heurtant tous les mortels,
L'encre a toujours pour moi coulé sur tes autels,
Daigne encor me connoître en ma saison dernière.
D'un prélat qui t'implore exauce la prière.
Un rival orgueilleux, de sa gloire offensé,
A détruit le lutrin par nos mains redressé.
Epuise en sa faveur la science fatale :
Du digeste et du code ouvre-nous le dédale,
Et montre-nous cet art connu de tes amis,
Qui dans ses propres lois embarrasse Thémis.

    La Sibylle à ces mots, déjà hors d'elle-même,
Fait lire sa fureur sur son visage blême,
Et, pleine du démon qui la vient oppresser,
Par ces mots étonnans tâche à le repousser :

    Chantre, ne craignez plus une audace insensée.
Je vois, je vois au chœur la masse replacée :
Mais il faut des combats. Tel est l'arrêt du sort,

Et surtout évitez un dangereux accord.

    Là bornant son discours, encor tout écumante,
Elle souffle aux guerriers l'esprit qui la tourmente,
Et dans leurs cœurs brûlans de la soif de plaider
Verse l'amour de nuire et la peur de céder.

    Pour tracer à loisir une longue requête,
A retourner chez soi leur brigade s'apprête.
Sous leurs pas diligens le chemin disparoît,
Et le pilier loin d'eux déjà baisse et décroît.

    Loin du bruit cependant les chanoines à table
Immolent trente mets à leur faim indomptable.
Leur appétit fougueux, par l'objet excité,
Parcourt tous les recoins d'un monstrueux pâté ;
Par le sel irritant la soif est allumée,
Lorsque d'un pied léger la prompte Renommée,
Semant partout l'effroi, vient au chantre éperdu
Conter l'affreux détail de l'oracle rendu.
Il se lève enflammé de muscat et de bile,
Et prétend à son tour consulter la Sibylle.
Evrard a beau gémir du repas déserté,
Lui-même est au barreau par le nombre emporté.
Par les détours étroits d'une barrière oblique,
Ils gagnent les degrés et le perron antique
Où, sans cesse étalant bons et méchans écrits,
Barbin vend aux passans des auteurs à tout prix.

    Là le chantre à grand bruit arrive et se fait place
Dans le fatal instant que, d'une égale audace,
Le prélat et sa troupe à pas tumultueux
Descendoient du palais l'escalier tortueux.

L'un et l'autre rival s'arrêtant au passage
Se mesure des yeux, s'observe, s'envisage;
Une égale fureur anime leurs esprits:
Tels deux fougueux taureaux, de jalousie épris,
Auprès d'une génisse au front large et superbe
Oubliant tous les jours le pâturage et l'herbe,
A l'aspect l'un de l'autre embrasés, furieux,
Déjà le front baissé, se menacent des yeux.
Mais Evrard, en passant coudoyé par Boirude,
Ne sait point contenir son aigre inquiétude:
Il entre chez Barbin, et, d'un bras irrité
Saisissant du Cyrus un volume écarté,
Il lance au sacristain le tome épouvantable.
Boirude fuit le coup: le volume effroyable
Lui rase le visage, et droit dans l'estomac
Va frapper en sifflant l'infortuné Sidrac.
Le vieillard, accablé de l'horrible Artaméne,
Tombe aux pieds du prélat sans pouls et sans haleine.
Sa troupe le croit mort, et chacun empressé
Se croit frappé du coup dont il le voit blessé.
Aussitôt contre Evrard vingt champions s'élancent;
Pour soutenir leur choc les chanoines s'avancent.
La Discorde triomphe, et du combat fatal
Par un cri donne en l'air l'effroyable signal.
Chez le libraire absent tout entre, tout se mêle:
Les livres sur Evrard fondent comme la grêle
Qui, dans un grand jardin à coups impétueux,
Abat l'honneur naissant des rameaux fructueux.
Chacun s'arme au hasard du livre qu'il rencontre:

L'un tient l'Edit d'amour, l'autre en saisit la Montre;
L'un prend le seul Jonas qu'on ait vu relié;
L'autre un Tasse françois en naissant oublié.
L'élève de Barbin, commis à la boutique,
Veut en vain s'opposer à leur fureur gothique;
Les volumes sans choix à la tête jetés
Sur le perron poudreux volent de tous côtés:
Là près d'un Guarini Térence tombe à terre;
Là Xénophon dans l'air heurte contre un La Serre.
Oh! que d'écrits obscurs, de livres ignorés
Furent en ce grand jour de la poudre tirés!
Vous en fûtes tirés, Almerinde et Simandre:
Et toi, rebut du peuple, inconnu Caloandre,
Dans ton repos, dit-on, saisi par Gaillerbois,
Tu vis le jour alors pour la première fois.
Chaque coup sur la chair laisse une meurtrissure:
Déjà plus d'un guerrier se plaint d'une blessure.
D'un Le Vayer épais Girot est renversé:
Marineau, d'un Brébeuf à l'épaule blessé,
En sent par tout le bras une douleur amère,
Et maudit la Pharsale aux provinces si chère.
D'un Pinchêne in-quarto Dodillon étourdi
A long-temps le teint pâle et le cœur affadi.
Au plus fort du combat le chapelain Garagne,
Vers le sommet du front atteint d'un Charlemagne,
(Des vers de ce poème effet prodigieux!)
Tout prêt à s'endormir, bâille et ferme les yeux.
A plus d'un combattant la Clélie est fatale:
Girou dix fois par elle éclate et se signale.

Mais tout cède aux efforts du chanoine Fabri.
Ce guerrier, dans l'église aux querelles nourri,
Est robuste de corps, terrible de visage,
Et de l'eau dans son vin n'a jamais su l'usage.
Il terrasse lui seul et Guilbert et Grasset,
Et Gorillon la basse, et Grandin le fausset,
Et Gerbais l'agréable, et Guérin l'insipide.
   Des chantres désormais la brigade timide
S'écarte et du palais regagne les chemins.
Telle à l'aspect d'un loup, terreur des champs voisins
Fuit d'agneaux effrayés une troupe bêlante,
Ou tels devant Achille, aux campagnes du Xanthe,
Les Troyens se sauvoient à l'abri de leurs tours,
Quand Brontin à Boirude adresse ce discours:
   Illustre porte-croix, par qui notre bannière
N'a jamais en marchant fait un pas en arrière,
Un chanoine lui seul triomphant du prélat
Du rochet à nos yeux ternira-t-il l'éclat?
Non, non: pour te couvrir de sa main redoutable
Accepte de mon corps l'épaisseur favorable.
Viens, et sous ce rempart à ce guerrier hautain
Fais voler ce Quinault qui me reste à la main.
A ces mots il lui tend le doux et tendre ouvrage.
Le sacristain, bouillant de zèle et de courage,
Le prend, se cache, approche, et droit entre les yeux
Frappe du noble écrit l'athlète audacieux.
Mais c'est pour l'ébranler une foible tempête;
Le livre sans vigueur mollit contre sa tête.
Le chanoine les voit, de colère embrasé:

Attendez, leur dit-il, couple lâche et rusé,
Et jugez si ma main, aux grands exploits novice,
Lance à mes ennemis un livre qui mollisse.
A ces mots il saisit un vieil Infortiat,
Grossi des visions d'Accurse et d'Alciat,
Inutile ramas de gothique écriture,
Dont quatre ais mal unis formoient la couverture,
Entourée à demi d'un vieux parchemin noir,
Où pendoit à trois clous un reste de fermoir.
Sur l'ais qui le soutient auprès d'un Avicenne
Deux des plus forts mortels l'ébranleroient à peine;
Le chanoine pourtant l'enlève sans effort,
Et sur le couple pâle et déjà demi-mort
Fait tomber à deux mains l'effroyable tonnerre.
Les guerriers de ce coup vont mesurer la terre,
Et, du bois et des clous meurtris et déchirés,
Long-temps loin du perron roulent sur les degrés.
    Au spectacle étonnant de leur chute imprévue
Le prélat pousse un cri qui pénètre la nue.
Il maudit dans son cœur le démon des combats,
Et de l'horreur du coup il recule six pas.
Mais bientôt rappelant son antique prouesse
Il tire du manteau sa dextre vengeresse;
Il part, et de ses doigts saintement allongés
Bénit tous les passans en deux files rangés.
Il sait que l'ennemi, que ce coup va surprendre,
Désormais sur ses pieds ne l'oseroit attendre,
Et déjà voit pour lui tout le peuple en courroux
Crier aux combattans: Profanes, à genoux!

Le chantre, qui de loin voit approcher l'orage,
Dans son cœur éperdu cherche en vain du courage;
Sa fierté l'abandonne, il tremble, il cède, il fuit.
Le long des sacrés murs sa brigade le suit:
Tout s'écarte à l'instant, mais aucun n'en réchappe;
Partout le doigt vainqueur les suit et les rattrape.
Evrard seul, en un coin prudemment retiré,
Se croyoit à couvert de l'insulte sacré;
Mais le prélat vers lui fait une marche adroite:
Il l'observe de l'œil, et, tirant vers la droite,
Tout d'un coup tourne à gauche, et d'un bras fortuné
Bénit subitement le guerrier consterné.
Le chanoine, surpris de la foudre mortelle,
Se dresse et lève en vain une tête rebelle;
Sur ses genoux tremblans il tombe à cet aspect,
Et donne à la frayeur ce qu'il doit au respect.
Dans le temple aussitôt le prélat plein de gloire
Va goûter les doux fruits de sa sainte victoire,
Et de leur vain projet les chanoines punis
S'en retournent chez eux éperdus et bénis.

∿∿∿∿∿∿∿∿∿∿∿∿∿∿∿∿∿∿∿∿∿∿∿∿∿∿∿∿∿∿∿∿∿∿∿

CHANT VI.

Tandis que tout conspire à la guerre sacrée,
La Piété sincère, aux Alpes retirée,
Du fond de son désert entend les tristes cris
De ses sujets cachés dans les murs de Paris.
Elle quitte à l'instant sa retraite divine :
La Foi d'un pas certain devant elle chemine ;
L'Espérance au front gai l'appuie et la conduit ;
Et, la bourse à la main, la Charité la suit.
Vers Paris elle vole, et, d'une audace sainte,
Vient aux pieds de Thémis proférer cette plainte :
    Vierge, effroi des méchans, appui de mes autels,
Qui, la balance en main, règles tous les mortels,
Ne viendrai-je jamais en tes bras salutaires
Que pousser des soupirs et pleurer mes misères !
Ce n'est donc pas assez qu'au mépris de tes lois
L'Hypocrisie ait pris et mon nom et ma voix ;
Que sous ce nom sacré partout ses mains avares
Cherchent à me ravir crosses, mitres, tiares !
Faudra-t-il voir encor cent monstres furieux
Ravager mes états usurpés à tes yeux !
Dans les temps orageux de mon naissant empire,
Au sortir du baptême on couroit au martyre.
Chacun plein de mon nom ne respiroit que moi :
Le fidèle attentif aux règles de sa loi,

Fuyant des vanités la dangereuse amorce,
Aux honneurs appelé n'y montoit que par force :
Ces cœurs, que les bourreaux ne faisoient point frémir,
A l'offre d'une mitre étoient prêts à gémir ;
Et, sans peur des travaux, sur mes traces divines
Couroient chercher le ciel au travers des épines.
Mais depuis que l'Eglise eut, aux yeux des mortels,
De son sang en-tous lieux cimenté ses autels,
Le calme dangereux succédant aux orages,
Une lâche tiédeur s'empara des courages :
De leur zéle brûlant l'ardeur se ralentit ;
Sous le joug des péchés leur foi s'appesantit :
Le moine secoua la cilice et la haire,
Le chanoine indolent apprit à ne rien faire ;
Le prélat, par la brigue aux honneurs parvenu,
Ne sut plus qu'abuser d'un ample revenu,
Et pour toutes vertus fit, au dos d'un carrosse,
A côté d'une mitre armorier sa crosse.
L'Ambition partout chassa l'Humilité,
Dans la crasse du froc logea la Vanité.
Alors de tous les cœurs l'union fut détruite.
Dans mes cloîtres sacrés la Discorde introduite
Y bâtit de mon bien ses plus sûrs arsenaux ;
Traîna tous mes sujets au pied des tribunaux.
En vain à ses fureurs j'opposai mes prières ;
L'insolente à mes yeux marcha sous mes bannières.
Pour comble de misére un tas de faux docteurs
Vint flatter les péchés de discours imposteurs ;
Infectant les esprits d'exécrables maximes,

Voulut faire à Dieu même approuver tous les crimes.
Une servile peur tint lieu de charité ;
Le besoin d'aimer Dieu passa pour nouveauté :
Et chacun à mes pieds, conservant sa malice,
N'apporta de vertu que l'aveu de son vice.
 Pour éviter l'affront de ces noirs attentats
J'allai chercher le calme au séjour des frimas,
Sur ces monts entourés d'une éternelle glace
Où jamais au printemps les hivers n'ont fait place.
Mais jusque dans la nuit de mes sacrés déserts
Le bruit de mes malheurs fait retentir les airs.
Aujourd'hui même encore une voix trop fidèle
M'a d'un triste désastre apporté la nouvelle :
J'apprends que, dans ce temple où le plus saint des rois
Consacra tout le fruit de ses pieux exploits,
Et signala pour moi sa pompeuse largesse,
L'implacable Discorde et l'infâme Mollesse,
Foulant aux pieds les lois, l'honneur et le devoir,
Usurpent en mon nom le souverain pouvoir.
Souffriras-tu, ma sœur, une action si noire?
Quoi! ce temple à ta porte élevé pour ma gloire,
Où jadis des humains j'attirois tous les vœux,
Sera de leurs combats le théâtre honteux!
Non, non, il faut enfin que ma vengeance éclate!
Assez et trop long-temps l'impunité les flatte.
Prends ton glaive, et fondant sur ces audacieux
Viens aux yeux des mortels justifier les cieux.
 Ainsi parle à sa sœur cette vierge enflammée :
La grâce est dans ses yeux d'un feu pur allumée.

Thémis sans différer lui promet son secours,
La flatte, la rassure, et lui tient ce discours :
　Chère et divine sœur, dont les mains secourables
Ont tant de fois séché les pleurs des misérables,
Pourquoi toi-même, en proie à tes vives douleurs,
Cherches-tu sans raison à grossir tes malheurs ?
En vain de tes sujets l'ardeur est ralentie ;
D'un ciment éternel ton Église est bâtie,
Et jamais de l'enfer les noirs frémissemens
N'en sauroient ébranler les fermes fondemens.
Au milieu des combats, des troubles, des querelles,
Ton nom encor chéri vit au sein des fidèles.
Crois-moi, dans ce lieu même où l'on veut t'opprimer
Le trouble qui t'étonne est facile à calmer :
Et, pour y rappeler la paix tant désirée,
Je vais t'ouvrir, ma sœur, une route assurée.
Prête-moi donc l'oreille, et retiens tes soupirs.
　Vers ce temple fameux si cher à tes désirs,
Où le ciel fut pour toi si prodigue en miracles,
Non loin de ce palais où je rends mes oracles,
Est un vaste séjour des mortels révéré,
Et de cliens soumis à toute heure entouré.
Là, sous le faix pompeux de ma pourpre honorable,
Veille au soin de ma gloire un homme incomparable,
Ariste, dont le ciel et Louis ont fait choix
Pour régler ma balance et dispenser mes lois.
Par lui dans le barreau sur mon trône affermie,
Je vois hurler en vain la chicane ennemie :
Par lui la vérité ne craint plus l'imposteur,

Et l'orphelin n'est plus dévoré du tuteur.
Mais pourquoi vainement t'en retracer l'image?
Tu le connois assez; Ariste est ton ouvrage.
C'est toi qui le formas dès ses plus jeunes ans:
Son mérite sans tache est un de tes présens.
Tes divines leçons, avec le lait sucées,
Allumérent l'ardeur de ses nobles pensées.
Aussi son cœur, pour toi brûlant d'un si beau feu,
N'en fit point dans le monde un lâche désaveu;
Et son zèle hardi, toujours prêt à paroître,
N'alla point se cacher dans les ombres d'un cloître.
Va le trouver, ma sœur : à ton auguste nom
Tout s'ouvrira d'abord en sa sainte maison.
Ton visage est connu de sa noble famille;
Tout y garde tes lois, enfans, sœur, femme, fille.
Tes yeux d'un seul regard sauront le pénétrer,
Et pour obtenir tout tu n'as qu'à te montrer.
    Là s'arrête Thémis. La Piété charmée
Sent renaître la joie en son ame calmée.
Elle court chez Ariste; et s'offrant à ses yeux,
    Que me sert, lui dit-elle, Ariste, qu'en tous lieux
Tu signales pour moi ton zèle et ton courage
Si la Discorde impie à ta porte m'outrage?
Deux puissans ennemis, par elle envenimés,
Dans ces murs, autrefois si saints, si renommés,
A mes sacrés autels font un profane insulte,
Remplissent tout d'effroi, de trouble et de tumulte.
De leur crime à leurs yeux va-t'en peindre l'horreur;
Sauve-moi, sauve-les de leur propre fureur.

Elle sort à ces mots. Le héros en prière
Demeure tout couvert de feux et de lumière.
De la céleste fille il reconnoît l'éclat,
Et mande au même instant le chantre et le prélat.

Muse, c'est à ce coup que mon esprit timide
Dans sa course élevée a besoin qu'on le guide
Pour chanter par quels soins, par quels nobles travaux
Un mortel sut fléchir ces superbes rivaux.

Mais plutôt, toi qui fis ce merveilleux ouvrage,
Ariste, c'est à toi d'en instruire notre âge.
Seul tu peux révéler par quel art tout puissant
Tu rendis tout à coup le chantre obéissant.
Tu sais par quel conseil rassemblant le chapitre
Lui-même de sa main reporta le pupitre,
Et comment le prélat, de ses respects content,
Le fit du banc fatal enlever à l'instant.
Parle donc : c'est à toi d'éclaircir ces merveilles.
Il me suffit pour moi d'avoir su par mes veilles
Jusqu'au sixième chant pousser ma fiction,
Et fait d'un vain pupitre un second Ilion.
Finissons. Aussi bien quelque ardeur qui m'inspire,
Quand je songe au héros qui me reste à décrire,
Qu'il faut parler de toi, mon esprit éperdu
Demeure sans parole, interdit, confondu.

Ariste, c'est ainsi qu'en ce sénat illustre
Où Thémis par tes soins reprend son premier lustre,
Quand la première fois un athlète nouveau
Vient combattre en champ clos aux joûtes du barreau,
Souvent sans y penser ton auguste présence

Troublant par trop d'éclat sa timide éloquence,
Le nouveau Cicéron, tremblant, décoloré,
Cherche en vain son discours sur sa langue égaré,
En vain pour gagner temps, dans ses transes affreuses,
Traîne d'un dernier mot les syllabes honteuses :
Il hésite, il bégaie, et le triste orateur
Demeure enfin muet aux yeux du spectateur.

POÉSIES DIVERSES.

ODES.

I.

SUR LA PRISE DE NAMUR.

Quelle docte et sainte ivresse
Aujourd'hui me fait la loi ?
Chastes nymphes du Permesse,
N'est-ce pas vous que je voi ?
Accourez, troupe savante ;
Des sons que ma lyre enfante
Ces arbres sont réjouis.
Marquez-en bien la cadence :
Et vous, vents, faites silence ;
Je vais parler de Louis.

Dans ces chansons immortelles,
Comme un aigle audacieux,
Pindare étendant ses ailes
Fuit loin des vulgaires yeux.
Mais, ô ma fidèle lyre !
Si, dans l'ardeur qui m'inspire,
Tu peux suivre mes transports,
Les chênes des monts de Thrace
N'ont rien ouï que n'efface
La douceur de tes accords.

Est-ce Apollon et Neptune
Qui sur ces rocs sourcilleux
Ont, compagnons de fortune,
Bâti ces murs orgueilleux?
De leur enceinte fameuse
La Sambre unie à la Meuse
Défend le fatal abord;
Et par cent bouches horribles
L'airain sur ces monts terribles
Vomit le fer et la mort.

Dix mille vaillans Alcides,
Les bordant de toutes parts,
D'éclairs au loin homicides
Font pétiller leurs remparts;
Et dans son sein infidéle
Partout la terre y recéle
Un feu prêt à s'élancer,
Qui, soudain perçant son gouffre,
Ouvre un sépulcre de soufre
A quiconque ose avancer.

Namur, devant tes murailles
Jadis la Grèce eût, vingt ans,
Sans fruit vu les funérailles
De ses plus fiers combattans.
Quelle effroyable puissance
Aujourd'hui pourtant s'avance,
Prête à foudroyer tes monts!
Quel bruit, quel feu l'environne !

C'est Jupiter en personne
Ou c'est le vainqueur de Mons.

N'en doute point, c'est lui-même ;
Tout brille en lui, tout est roi.
Dans Bruxelles Nassau blême
Commence à trembler pour toi.
En vain il voit le Batave,
Désormais docile esclave,
Rangé sous ses étendards ;
En vain au lion belgique
Il voit l'aigle germanique
Uni sous les léopards.

Plein de la frayeur nouvelle
Dont ses sens sont agités,
A son secours il appelle
Les peuples les plus vantés :
Ceux là viennent du rivage
Où s'enorgueillit le Tage
De l'or qui roule en ses eaux ;
Ceux-ci des champs où la neige
Des marais de la Norwége
Neuf mois couvre les roseaux.

Mais qui fait enfler la Sambre?
Sous les Gémeaux effrayés,
Des froids torrens de décembre
Les champs partout sont noyés.
Cérès s'enfuit éplorée

De voir en proie à Borée
Ses guérets d'épis chargés,
Et sous les urnes fangeuses
Des Hyades orageuses
Tous ses trésors submergés.

Déployez toutes vos rages,
Princes, vents, peuples, frimas ;
Ramassez tous vos nuages,
Rassemblez tous vos soldats :
Malgré vous Namur en poudre
S'en va tomber sous la foudre
Qui dompta Lille, Courtray,
Gand la superbe Espagnole,
Saint-Omer, Besançon, Dole,
Ypres, Mastricht et Cambray.

Mes présages s'accomplissent :
Il commence à chanceler ;
Sous les coups qui retentissent
Ses murs s'en vont s'écrouler.
Mars en feu, qui les domine,
Souffle à grand bruit leur ruine ;
Et les bombes dans les airs
Allant chercher le tonnerre
Semblent, tombant sur la terre,
Vouloir s'ouvrir les enfers.

Accourez, Nassau, Bavière,
De ces murs l'unique espoir :

A couvert d'une rivière,
Venez, vous pouvez tout voir.
Considérez ces approches :
Voyer grimper sur ces roches
Ces athlètes belliqueux ;
Et dans les eaux, dans la flamme,
Louis, à tout donnant l'ame,
Marcher, courir avec eux.

Contemplez dans la tempête
Qui sort de ces boulevarts
La plume qui sur sa tête
Attire tous les regards.
A cet astre redoutable
Toujours un sort favorable
S'attache dans les combats ;
Et toujours avec la gloire
Mars amenant la victoire
Vole et le suit à grands pas.

Grands défenseurs de l'Espagne,
Montrez-vous, il en est temps.
Courage ! vers la Méhagne
Voilà vos drapeaux flottans.
Jamais ses ondes craintives
N'ont vu sur leurs foibles rives
Tant de guerriers s'amasser.
Courez donc ; qui vous retarde ?
Tout l'univers vous regarde :
N'osez-vous la traverser ?

Loin de fermer le passage
A vos nombreux bataillons,
Luxembourg a du rivage
Reculé ses pavillons.
Quoi! leur seul aspect vous glace!
Où sont ces chefs pleins d'audace,
Jadis si prompts à marcher,
Qui devoient, de la Tamise
Et de la Drave soumise,
Jusqu'à Paris nous chercher?

Cependant l'effroi redouble
Sur les remparts de Namur :
Son gouverneur, qui se trouble,
S'enfuit sous son dernier mur.
Déjà jusques à ses portes
Je vois monter nos cohortes
La flamme et le fer en main ;
Et sur les monceaux de piques
De corps morts, de rocs, de briques
S'ouvrir un large chemin.

C'en est fait. Je viens d'entendre
Sur ces rochers éperdus
Battre un signal pour se rendre.
Le feu cesse : ils sont rendus.
Dépouillez votre arrogance,
Fiers ennemis de la France ;
Et, désormais gracieux,
Allez à Liége, à Bruxelles,

Porter les humbles nouvelles
De Namur pris à vos yeux.

Pour moi, que Phébus anime
De ses transports les plus doux,
Rempli de ce dieu sublime,
Je vais, plus hardi que vous,
Montrer que, sur le Parnasse,
Des bois fréquentés d'Horace
Ma muse dans son déclin
Sait encor les avenues
Et des sources inconnues
A l'auteur du Saint-Paulin.

II.

SUR UN BRUIT QUI COURUT, EN 1656, QUE
CROMWELL ET LES ANGLOIS ALLOIENT FAIRE
LA GUERRE A LA FRANCE.

Quoi! ce peuple aveugle en son crime,
Qui, prenant son roi pour victime,
Fit du trône un théâtre affreux,
Pense-t-il que le ciel, complice
D'un si funeste sacrifice,
N'a pour lui ni foudre ni feux?

Déjà sa flotte à pleines voiles,
Malgré les vents et les étoiles,
Veut maîtriser tout l'univers,
Et croit que l'Europe étonnée
A son audace forcenée
Va céder l'empire des mers.

Arme-toi, France; prends la foudre :
C'est à toi de réduire en poudre
Ces sanglans ennemis des lois.
Suis la victoire qui t'appelle,
Et va sur ce peuple rebelle
Venger la querelle des rois.

Jadis on vit ces parricides,
Aidés de nos soldats perfides,
Chez nous, au comble de l'orgueil,
Briser tes plus fortes murailles,
Et par le gain de vingt batailles
Mettre tous tes peuples en deuil.

Mais bientôt le ciel en colére,
Par la main d'une humble bergére
Renversant tous leurs bataillons,
Borna leurs succés et nos peines :
Et leurs corps, pourris dans nos plaines,
N'ont fait qu'engraisser nos sillons.

ÉPIGRAMMES.

***

A un médecin.

Oui, j'ai dit dans mes vers qu'un célèbre assassin,
Laissant de Galien la science infertile,
D'ignorant médecin devint maçon habile :
Mais de parler de vous je n'eus jamais dessein,
    Perrault ; ma muse est trop correcte.
Vous êtes, je l'avoue, ignorant médecin,
    Mais non pas habile architecte.

—

A M. Racine.

Racine, plains ma destinée ;
C'est demain la triste journée
Où le prophète Desmarets,
Armé de cette même foudre
Qui mit le Port-Royal en poudre,
Va me percer de mille traits.
C'en est fait, mon heure est venue.
Non que ma muse, soutenue
De tes judicieux avis,
N'ait assez de quoi le confondre:

Mais, cher ami, pour lui répondre,
Hélas ! il faut lire Clovis !

—

Contre Saint-Sorlin.

Dans le palais hier Bilain
Vouloit gager contre Ménage
Qu'il étoit faux que Saint-Sorlin
Contre Arnauld eût fait un ouvrage.
Il en a fait, j'en sais le temps,
Dit un des plus fameux libraires.
Attendez... C'est depuis vingt ans.
On en tira cent exemplaires.
C'est beaucoup ! dis-je en m'approchant,
La pièce n'est pas si publique.
Il faut compter, dit le marchand,
Tout est encor dans ma boutique.

—

A MM. *Pradon et Bonnecorse, qui firent en même temps paroître contre moi chacun un volume d'injures.*

Venez, Pradon et Bonnecorse,
Grands écrivains de même force,
De vos vers recevoir le prix :
Venez prendre dans mes écrits
La place que vos noms demandent;
Linière et Perrin vous attendent;

—

Sur une satire très mauvaise que l'abbé Cottin
avoit faite, et qu'il faisoit courir sous mon nom.

En vain par mille et mille outrages
Mes ennemis, dans leurs ouvrages,
Ont cru me rendre affreux aux yeux de l'univers.
Cotin pour décrier mon style
A pris un chemin plus facile ;
C'est de m'attribuer ses vers.

—

Contre le même.

A quoi bon tant d'efforts, de larmes et de cris,
Cotin, pour faire ôter ton nom de mes ouvrages ?
Si tu veux du public éviter les outrages,
Fais effacer ton nom de tes propres écrits.

—

Contre un athée.

Alidor, assis dans sa chaise,
Médisant du ciel à son aise,
Peut bien médire aussi de moi.
Je ris de ces discours frivoles :
On sait fort bien que ses paroles
Ne sont pas articles de foi.

—

Vers en style de Chapelain, pour mettre à la fin de
son poème de la Pucelle.

Maudit soit l'auteur dur, dont l'âpre et rude verve,
Son cerveau tenaillant, rima malgré Minerve ;
Et, de son lourd marteau martelant le bon sens,
A fait de méchans vers douze fois douze cents !

———

De six amans contens et non jaloux,
Qui tour à tour servoient madame Claude,
Le moins volage étoit Jean, son époux :
Un jour pourtant, d'humeur un peu trop chaud
Serroit de près sa servante aux yeux doux
Lorsqu'un des six lui dit : Que faites-vous ?
Le jeu n'est sûr avec cette ribaude.
Ah ! voulez-vous, Jean-Jean, nous gâter tous ?

———

A Climène.

Tout me fait peine,
Et depuis un jour
Je crois, Climène,
Que j'ai de l'amour.
Cette nouvelle
Vous met en courroux.

37

Tout beau cruelle;
Ce n'est pas pour vous.

Epitaphe.

Ci gît, justement regretté,
Un savant homme sans science,
Un gentilhomme sans naissance,
Un très bon homme sans bonté.

Imitation de Martial.

Paul, ce grand médecin, l'effroi de son quartier,
Qui causa plus de maux que la peste et la guerre,
Est curé maintenant, et met le monde en terre.
Il n'a point changé de métier.

Sur une harangue d'un magistrat, dans laquelle les procureurs étoient fort maltraités.

Lorsque, dans ce sénat à qui tout rend hommage
Vous haranguez en vieux langage,
Paul, j'aime à vous voir, en fureur,
Gronder maint et maint procureur ;
Car leurs chicanes sans pareilles
Méritent bien ce traitement.

Mais que vous ont fait nos oreilles
Pour les traiter si durement ?

———

Sur l'Agésilas de Corneille.

J'ai vu l'*Agésilas.*
    Hélas !

———

Sur l'Attila du même auteur.

Après l'*Agésilas,*
    Hélas !
Mais après l'*Attila,*
    Holà.

———

Sur la manière de réciter du poëte Santeul.

Quand j'aperçois sous ce portique
Ce moine au regard fanatique,
Lisant ses vers audacieux,
Faits pour les habitans des cieux,
Ouvrir une bouche effroyable,
S'agiter, se tordre les mains ;
Il me semble en lui voir le diable,
Que Dieu force à louer les saints.

———

Sur la fontaine de Bourbon, où l'auteur étoit allé prendre les eaux, et où il trouva un poète médiocre qui lui montra des vers de sa façon.

(Il s'adresse à la fontaine.)

Oui, vous pouvez chasser l'humeur apoplectique,
Rendre le mouvement au corps paralytique ;
Et guérir tous les maux les plus invétérés.
Mais quand je lis ces vers par votre onde inspirés
    Il me paroît, admirable fontaine,
Que vous n'eûtes jamais la vertu d'Hippocrène.

—

L'amateur d'horloges.

Sans cesse autour de six pendules,
De deux montres, de trois cadrans,
Lubin, depuis trente et quatre ans,
Occupe ses soins ridicules.
Mais à ce métier, s'il vous plaît,
A-t-il acquis quelque science ?
Sans doute ; et c'est l'homme de France
Qui sait le mieux l'heure qu'il est.

—

Sur ce qu'on avoit lu à l'Académie des vers contre Homère et contre Virgile.

Clio vint l'autre jour se plaindre au dieu des vers
    Qu'en certain lieu de l'univers

On traitoit d'auteurs froids, de poëtes stériles,
    Les Homéres et les Virgiles.
Cela ne sauroit être, on s'est moqué de vous,
    Reprit Apollon en courroux :
Où peut-on avoir dit une telle infamie ?
Est-ce chez les Hurons, chez les Topinambous ?
—C'est à Paris.—C'est donc dans l'hôpital des fous
    —Non, c'est au Louvre, en pleine académie.

—

Sur le même sujet.

    J'ai traité de Topinambous
    Tous ces beaux censeurs, je l'avoue,
Qui, de l'antiquité si follement jaloux,
Aiment tout ce qu'on hait, blâment tout ce qu'on lou
    Et l'Académie, entre nous,
    Souffrant chez soi de si grands fous,
    Me semble un peu Topinamboue.

—

Sur le même sujet.

Ne blâmez pas Perrault de condamner Homére,
    Virgile, Aristote, Platon.
    Il a pour lui monsieur son frère,
G... N... Lavau, Caligula, Néron,
    Et le gros Charpentier, dit-on.

—

A M. Perrault, sur les livres qu'il a faits contre
les anciens.

Pour quelque vain discours sottement avancé
Contre Homére, Platon, Cicéron ou Virgile,
Caligula partout fut traité d'insensé,
Néron de furieux, Adrien d'imbécile.
　　Vous donc qui, dans la même erreur,
Avec plus d'ignorance et non moins de fureur,
Attaquez ces héros de la Gréce et de Rome,
　　Perrault, fussiez-vous empereur,
Comment voulez-vous qu'on vous nomme?

Sur le même sujet.

D'où vient que Cicéron, Platon, Virgile, Homére
Et tous ces grands auteurs que l'univers révére
Traduits dans vos écrits nous paroissent si sots!
Perrault, c'est qu'en prêtant à ces esprits sublimes
Vos façons de parler, vos bassesses, vos rimes,
　　Vous les faites tous des Perraults.

Au même.

　　Ton oncle, dis-tu, l'assassin
　　M'a guéri d'une maladie:
La preuve qu'il ne fut jamais mon médecin
　　C'est que je suis encore en vie.

Au même.

Le bruit court que Bacchus, Junon, Jupiter, Mars,
     Apollon, le dieu des beaux-arts,
Les Ris même, les Jeux, les Grâces et leur mère
     Et tous les dieux enfans d'Homère,
     Résolus de venger leur père,
Jettent déjà sur vous de dangereux regards.
Perrault, craignez enfin quelque triste aventure.
Comment soutiendrez-vous un choc si violent?
     Il est vrai, Visé vous assure
     Que vous avez pour vous Mercure;
     Mais c'est le Mercure galant.

         —

Parodie burlesque de la première ode de Pindare,
    à la louange de M. Perrault.

    Malgré son fatras obscur,
    Souvent Brébeuf étincelle.
    Un vers noble, quoique dur,
    Peut s'offrir dans la Pucelle.
    Mais, ô ma lyre fidèle!
    Si du parfait ennuyeux
    Tu veux trouver le modèle,
    Ne cherche point dans les cieux
    D'astre au soleil préférable,
    Ni dans la foule innombrable
    De tant d'écrivains divers

Chez Coignard rongés des vers
Un poéte comparable
A l'auteur inimitable
De Peau-d'Ane mis en vers.

———

Sur la réconciliation de l'auteur et de
M. Perrault.

Tout le trouble poétique
A Paris s'en va cesser ;
Perrault l'anti-pindarique
Et Despréaux l'homérique
Consentent de s'embrasser.
Quelque aigreur qui les anime,
Quand malgré l'emportement
Comme eux l'un l'autre on s'estime
L'accord se fait aisément.
Mon embarras est comment
On pourra finir la guerre
De Pradon et du parterre.

———

Aux RR. PP. Jésuites, auteurs du journal de
Trévoux.

Mes révérends pères en Dieu
Et mes confrères en satire,
Dans vos écrits en plus d'un lieu

Je vois qu'à mes dépens vous affectez de rire,
Mais ne craignez-vous point que pour rire de vous,
Relisant Juvénal, refeuilletant Horace,
Je ne ranime encor ma satirique audace ?
     Grands aristarques de Trévoux,
N'allez point de nouveau faire courir aux armes
Un athlète tout prêt à prendre son congé,
Qui, par vos traits malins au combat rengagé,
Peut encore aux rieurs faire verser des larmes.
     Apprenez un mot de Régnier,
     Notre célèbre devancier ;
     « Corsaire attaquant corsaires
     « Ne font pas, dit-il, leurs affaires. »

Réplique à une épigramme faite au nom des mêmes
journalistes.

Non, pour montrer que Dieu veut être aimé de nous
Je n'ai rien emprunté de Perse ni d'Horace,
Et je n'ai point suivi Juvénal à la trace ;
Car, bien qu'en leurs écrits ces auteurs mieux que vous
Attaquent les erreurs dont nos ames sont ivres,
     La nécessité d'aimer Dieu
Ne s'y trouve jamais prêchée en aucun lieu,
     Mes pères, non plus qu'en vos livres.

Sur le livre des Flagellans, composé par mon frère
le docteur de Sorbonne.

AUX MÊMES.

Non, le livre des Flagellans
N'a jamais condamné, lisez-le bien, mes pères,
  Ces rigidités salutaires
Que pour ravir le ciel, saintement violens,
Exercent sur leurs corps tant de chrétiens austères,
Il blâme seulement cet abus odieux
  D'étaler et d'offrir aux yeux
Ce que leur doit toujours cacher la bienséance,
Et combat vivement la fausse piété,
Qui, sous couleur d'éteindre en nous la volupté,
Par l'ausérité même et par la pénitence
Sait allumer le feu de la lubricité.

PIÈCES DIVERSES.

STANCES A MOLIÈRE

sur sa comédie de l'Ecole des Femmes, *que plusieurs
gens frondoient.*

En vain mille jaloux esprits,
Molière, osent avec mépris
Censurer ton plus bel ouvrage;
Sa charmante naïveté
S'en va pour jamais d'âge en âge
Divertir la postérité.

Que tu ris agréablement!
Que tu badines savamment!
Celui qui sut vaincre Numance,
Qui mit Carthage sous sa loi
Jadis sous le nom de Térence
Sut-il mieux badiner que toi?

Ta muse avec utilité
Dit plaisamment la vérité;
Chacun profite à ton Ecole :
Tout en est beau, tout en est bon;

Et ta plus burlesque parole
Est souvent un docte sermon.

Laisse gronder les envieux :
Ils ont beau crier en tous lieux
Qu'en vain tu charmes le vulgaire,
Que tes vers n'ont rien de plaisant :
Si tu savois un peu moins plaire
Tu ne leur déplairois pas tant.

———

Sonnet sur une de mes parentes qui mourut toute
jeune entre les mains d'un charlatan.

Nourri dès le berceau près de la jeune Orante,
Et non moins par le cœur que par le sang lié,
A ses jeux innocens enfant associé,
Je goûtois les douceurs d'une amitié charmante ;

Quand un faux Esculape à cervelle ignorante,
A la fin d'un long mal vainement pallié,
Rompant de ses beaux jours le fil trop délié,
Pour jamais me ravit mon aimable parente.

Oh ! qu'un si rude coup me fit verser de pleurs !
Bientôt, la plume en main signalant mes douleurs,
Je demandai raison d'un acte si perfide.

Oui, j'en fis dès quinze ans ma plainte à l'univers ;
Et l'ardeur de venger ce barbare homicide,
Fut le premier démon qui m'inspira des vers.

———

Autre sonnet sur le même sujet.

Parmi les doux transports d'une amitié fidèle,
Je voyois près d'Iris couler mes heureux jours :
Iris, que j'aime encore et que j'aimai toujours,
Brûloit des mêmes feux dont je brûlois pour elle ;

Quand par l'ordre du ciel une fièvre cruelle
M'enleva cet objet de mes tendres amours;
Et de tous mes plaisirs interrompant le cours
Me laissa de regrets une suite éternelle.

Ah! qu'un si rude coup étonna mes esprits !
Que je versai de pleurs ! que je poussai de cris!
De combien de douleurs ma douleur fut suivie!

Iris, tu fus alors moins à plaindre que moi:
Et, bien qu'un triste sort t'ait fait perdre la vie,
Hélas! en te perdant j'ai perdu plus que toi.

FABLE D'ESOPE.

Le Bûcheron et la Mort.

Le dos chargé de bois et le corps tout en eau,
Un pauvre bûcheron, dans l'extrême vieillesse,
Marchoit en haletant de peine et de détresse.

Enfin las de souffrir, jetant là son fardeau
Plutôt que de s'en voir accablé de nouveau,
Il souhaite la Mort, et cent fois il l'appelle.
La Mort vint à la fin : Que veux-tu ? cria-t-elle.
Qui ? moi ! dit-il alors prompt à se corriger :
       Que tu m'aides à me charger.

***

Le Débiteur reconnoissant.

Je l'assistai dans l'indigence ;
Il ne me rendit jamais rien.
Mais quoiqu'il me dût tout son bien
Sans peine il souffroit ma présence.
Oh ! la rare reconnoissance !

***

Enigme.

Du repos des humains implacable ennemie,
J'ai rendu mille amans envieux de mon sort.
Je me repais de sang, et je trouve ma vie
Dans les bras de celui qui recherche ma mort. (1)

***

(1) Une puce.

Vers pour mettre au devant de **la Macarise,** *roman allégorique de l'abbé d'Aubignac, où l'on expliquoit toute la morale des stoïciens.*

Lâches partisans d'Epicure,
Qui, brûlant d'une flamme impure,
Du portique fameux fuyez l'austérité,
Souffrez qu'enfin la raison vous éclaire.
Ce roman plein de vérité
Dans la vertu la plus sévère
Vous peut faire aujourd'hui trouver la volupté.

———

Sur un portrait de Rossinante, cheval de Don Quichotte.

Tel fut ce roi des chevaux,
Rossinante, la fleur des coursiers d'Ibérie,
Qui, trottant jour et nuit et par monts et par vaux,
Galopa, dit l'histoire, une fois en sa vie.

———

Vers à mettre en chant.

Voici les lieux charmans où mon ame ravie
Passoit à contempler Sylvie

Ces tranquilles momens si doucement perdus.
Que je l'aimois alors ! que je la trouvois belle !
Mon cœur, vous soupirez au nom de l'infidéle :
Avez-vous oublié que vous ne l'aimez plus ?

C'est ici que souvent, errant dans les prairies,
    Ma main des fleurs les plus chéries
Lui faisoit des présens si tendrément reçus.
Que je l'aimois alors ! que je la trouvois belle !
Mon cœur, vous soupirez au nom de l'infidéle !
Avez-vous oublié que vous ne l'aimez plus ?

———

Chanson à boire que je fis au sortir de mon cours de
philosophie, à l'âge de dix-sept ans.

Philosophes rêveurs, qui pensez tout savoir,
Ennemis de Bacchus, rentrez dans le devoir :
    Vos esprits s'en font trop accroire.
    Allez, vieux fous, allez apprendre à boire.
      On est savant quand on boit bien :
      Qui ne sait boire ne sait rien.

S'il faut rire ou chanter au milieu d'un festin,
Un docteur est alors au bout de son latin :
    Un goinfre en a toute la gloire.
    Allez, vieux fous, allez apprendre à boire.
      On est savant quand on boit bien :
      Qui ne sait boire ne sait rien.

Chanson à boire, faite à Bâville, où étoit le
P. Bourdaloue.

Que Bâville me semble aimable
Quand des magistrats le plus grand
Permet que Bacchus à sa table
Soit notre premier président !

Trois muses en habit de ville
Y président à ses côtés,
Et ses arrêts par Arbouville
Sont à plein verre exécutés.

Si Bourdaloue, un peu sévère.
Nous dit, Craignez la volupté ;
Escobar, lui dit-on, mon père,
Nous la permet pour la santé.

Contre ce docteur authentique
Si du jeûne il prend l'intérêt,
Bacchus le déclare hérétique
Et janséniste, qui pis est.

———

Sur Homère.

Quand la dernière fois dans le sacré vallon
La troupe des neuf sœurs par l'ordre d'Apollon

Lut l'Iliade et l'Odyssée,
Chacune à les louer se montrant empressée,
Apprenez un secret qu'ignore l'univers,
     Leur dit alors le dieu des vers :
Jadis avec Homère aux rives du Permesse,
Dans ce bois de lauriers où seul il me suivoit,
Je les fis toutes deux, plein d'une douce ivresse.
     Je chantois, Homère écrivoit.

———

*Vers pour mettre sous le buste du roi fait par
    M. Girardon l'année que les Allemands prirent
    Belgrade.*

C'est ce roi si fameux dans la paix, dans la guerre,
Qui seul fait à son gré le destin de la terre.
Tout reconnoît ses lois ou brigue son appui.
De ces nombreux combats le Rhin frémit encore,
Et l'Europe en cent lieux a vu fuir devant lui
Tous ces héros si fiers que l'on voit aujourd'hui
Faire fuir l'Ottoman au-delà du Bosphore.

———

*Vers pour mettre au bas d'un portrait de monsei-
    gneur le duc du Maine, alors encore enfant, et
    dont on avoit imprimé un petit volume de let-
    tres, au devant desquelles ce prince étoit peint
    en Apollon, avec une couronne sur la tête.*

Quel est cet Apollon nouveau

Qui, presque au sortir du berceau,
Vient régner sur notre Parnasse?
Qu'il est brillant ! qu'il a de grâce !
Du plus grand des héros je reconnois le fils :
Il est déjà tout plein de l'esprit de son père,
Et le feu des yeux de sa mère
A passé jusqu'en ses écrits.

Vers pour mettre au bas du portrait de mademoiselle
de Lamoignon.

Aux sublimes vertus nourrie en sa famille,
Cette admirable et sainte fille
En tous lieux signala son humble piété,
Jusqu'aux climats où nait et finit la clarté
Fit ressentir l'effet de ses soins secourables
Et jour et nuit, pour Dieu pleine d'activité,
Consuma son repos, ses biens et sa santé
A soulager les maux de tous les misérables.

A madame la présidente de Lamoignon, sur le por-
trait du P. Bourdaloue qu'elle m'avoit envoyé.

Du plus grand orateur dont la chaire se vante
M'envoyer le portrait, illustre présidente,
C'est me faire un présent qui vaut mille présens.

J'ai connu Bourdaloue, et dès mes jeunes ans
Je fis de ses sermons mes plus chères délices.
Mais lui, de son côté, lisant mes vains caprices,
Des censeurs de Trévoux n'eut point pour moi les yeux
Ma franchise surtout gagna sa bienveillance.
Enfin, après Arnauld, ce fut l'illustre en France
Que j'admirai le plus et qui m'aima le mieux.

———

Vers pour mettre au bas du portrait de Tavernier,
le célèbre voyageur.

De Paris à Delli, du couchant à l'aurore
Ce fameux voyageur courut plus d'une fois :
De l'Inde et de l'Hydaspe il fréquenta les rois,
Et sur les bords du Gange on le révère encore.
En tous lieux sa vertu fut son plus sûr appui ;
Et, bien qu'en nos climats de retour aujourd'hui
    En foule à nos yeux il présente
Les plus rares trésors que le soleil enfante,
Il n'a rien rapporté de si rare que lui.

———

Vers pour mettre au bas du portrait de mon père,
greffier de la grand'chambre du parlement de
Paris.

    Ce greffier doux et pacifique
    De ses enfans au sang critique

N'eut point le talent redouté :
Mais, fameux par sa probité,
Reste de l'or du siècle antique,
Sa conduite, dans le palais
Partout pour exemple citée,
Mieux que leur plume si vantée
Fit la satire des Rolets.

Epitaphe de la mère de l'auteur.

(C'est elle qui parle.)

Epouse d'un mari doux, simple, officieux,
Par la même douceur je sus plaire à ses yeux :
Nous ne sûmes jamais ni railler ni médire.
Passant, ne t'enquiers point si de cette bonté
    Tous mes enfans ont hérité ;
Lis seulement ces vers, et garde-toi d'écrire.

Sur un frère aîné que j'avois, et avec qui j'étois
brouillé.

De mon frère, il est vrai, les écrits sont vantés ;
   Il a cent belles qualités :
Mais il n'a point pour moi d'affection sincère.
   En lui je trouve un excellent auteur,

Un poéte agréable, un très bon oratéur :
   Mais je n'y trouve point de frére.

———

Vers pour mettre sous le portrait de M. de La
  Bruyère, au devant de son livre des Caractéres du
  temps.

(C'est lui qui parle.)

Tout esprit orgueilleux qui s'aime
Par mes leçons se voit guéri,
Et dans mon livre si chéri
Apprend à se haïr soi-même.

———

Epitaphe de M. Arnauld.

Au pied de cet autel de structure grossiére,
Gît sans pompe, enfermé dans une vile biére,
Le plus savant mortel qui jamais ait écrit,
Arnauld, qui sur la grâce instruit par Jésus-Christ,
Combattant pour l'Eglise, a dans l'Eglise même
Souffert plus d'un outrage et plus d'un anathême.
Plein du feu qu'en son cœur souffla l'Esprit divin,
Il terrassa Pélage, il foudroya Calvin,
De tous les faux docteurs confondit la morale,
Mais pour fruit de son zèle on l'a vu rebuté,

En cent lieux opprimé par leur noire cabale,
Errant, pauvre, banni, proscrit, persécuté ;
Et même par sa mort leur fureur mal éteinte
N'auroit jamais laissé ses cendres en repos
Si Dieu lui-même ici de son ouaille sainte
A ces loups dévorans n'avoit caché les os.

*Vers pour mettre au bas du portrait de M. Hamon,
médecin.*

Tout brillant de savoir, d'esprit et d'éloquence,
Il courut au désert chercher l'obscurité ;
Aux pauvres consacra ses biens et sa science ;
Et trente ans, dans le jeûne et dans l'austérité,
    Fit son unique volupté
    Des travaux de la pénitence.

Vers pour mettre au bas du portrait de Racine.

Du théâtre françois l'honneur et la merveille,
Il sut ressusciter Sophocle en ses écrits,
Et dans l'art d'enchanter les cœurs et les esprits
Surpasser Euripide et balancer Corneille.

SUR MON PORTRAIT.

M. Le Verrier, mon illustre ami, ayant fait graver
mon portrait par Drevet, célèbre graveur, fit
mettre au bas de ce portrait quatre vers où l'on
me fait ainsi parler :

Au joug de la raison asservissant la rime,
Et même en imitant toujours original,
J'ai su dans mes écrits, docte, enjoué, sublime,
Rassembler en moi Perse, Horace et Juvénal.

———

A quoi j'ai répondu par ces vers :

Oui, Le Verrier, c'est là mon fidèle portrait ;
    Et le graveur en chaque trait
A su très finement tracer sur mon visage
De tout faux bel esprit l'ennemi redouté.
Mais dans les vers pompeux qu'au bas de cet ouvrage
Tu me fais prononcer avec tant de fierté
    D'un ami de la vérité
    Qui peut reconnoître l'image ?

———

Pour un autre portrait du même.

Ne cherchez point comment s'appelle
L'écrivain peint dans ce tableau :

A l'air dont il regarde et montre la Pucelle,
Qui ne reconnoîtroit Boileau?

———

Vers pour mettre au bas d'une méchante gravure
qu'on a faite de moi.

Du célébre Boileau tu vois ici l'image.
Quoi ! c'est là, diras-tu, ce critique achevé !
D'où vient le noir chagrin qu'on lit sur son visage?
    C'est de se voir si mal gravé.

———

Sur le buste de marbre qu'a fait de moi M. Girardon,
premier sculpteur du roi.

    Grâce au Phidias de notre âge,
Me voilà sûr de vivre autant que l'univers :
Et, ne connût-on plus ni mon nom ni mes vers,
Dans ce marbre fameux taillé sur mon visage
De Girardon toujours on vantera l'ouvrage.

———

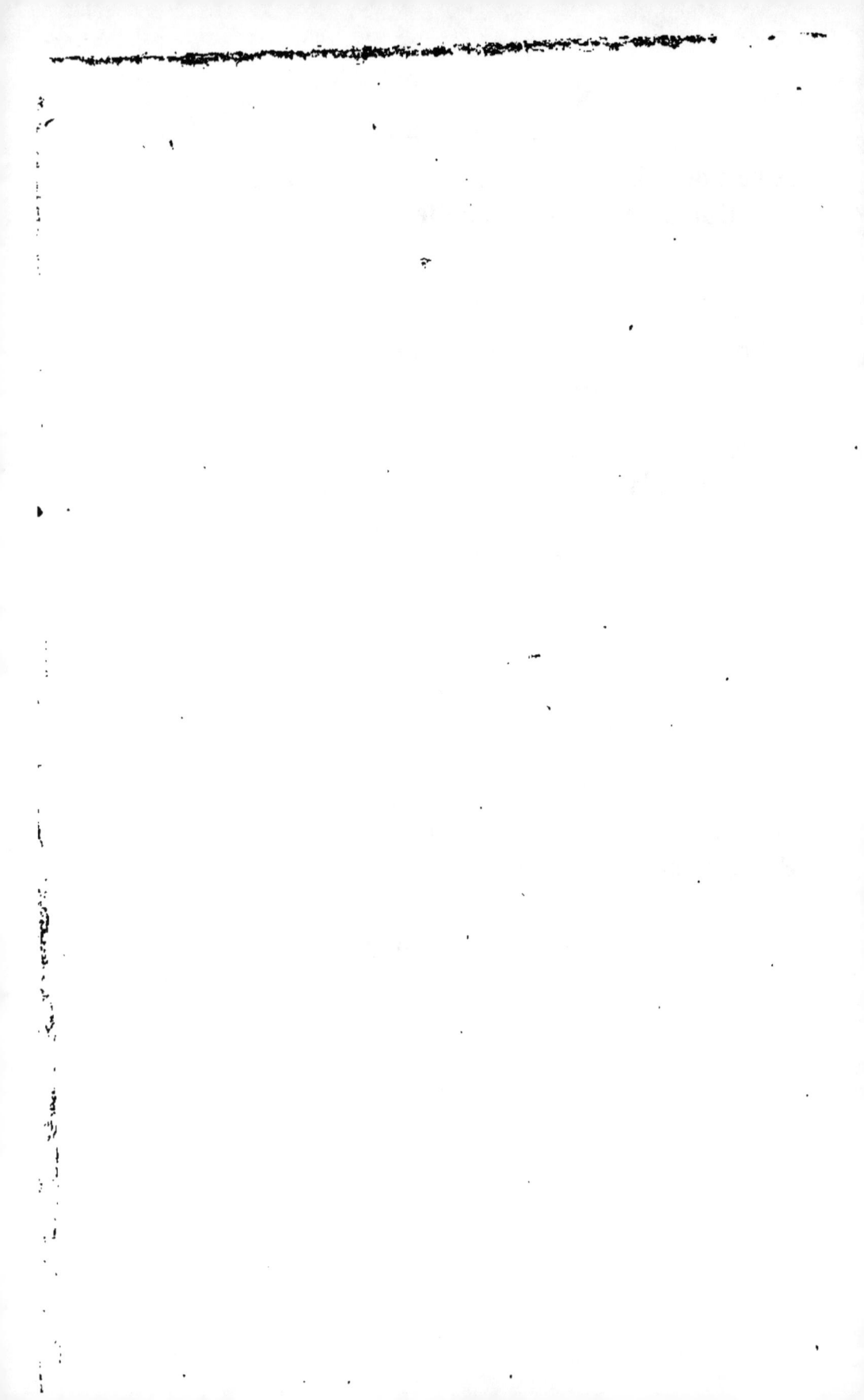

PROLOGUE.

LA POÉSIE, LA MUSIQUE.

LA POÉSIE.

Quoi ! par de vains accords et des sons impuissans
Vous croyez exprimer tout ce que je sais dire ?

LA MUSIQUE.

Aux doux transports qu'Apollon vous inspire
Je crois pouvoir mêler la douceur de mes chants.

LA POÉSIE.

Oui, vous pouvez au bord d'une fontaine
Avec moi soupirer une amoureuse peine,
Faire gémir Thyrsis, faire plaindre Climéne.
Mais quand je fais parler les héros et les dieux
Vos chants audacieux
Ne me sauroient prêter qu'une cadence vaine :
Quittez ce soin ambitieux.

LA MUSIQUE.

Je sais l'art d'embellir vos plus rares merveilles.

LA POÉSIE.

On ne veut plus alors entendre votre voix.

LA MUSIQUE.

Pour entendre mes sons les rochers et les bois
Ont jadis trouvé des oreilles.

LA POÉSIE.

Ah ! c'en est trop, ma sœur ; il faut nous séparer.
Je vais me retirer :
Nous allons voir sans moi ce que vous saurez faire.

LA MUSIQUE.

Je saurai divertir et plaire ;
Et mes chants moins forcés n'en seront que plus doux.

LA POÉSIE.

Eh bien, ma sœur, séparons-nous.

LA MUSIQUE.

Séparons-nous.

LA POÉSIE.

Séparons-nous.

CHOEUR DE POÈTES ET DE MUSICIENS.

Séparons-nous, séparons-nous.

LA POÉSIE.

Mais quelle puissance inconnue
Malgré moi m'arrête en ces lieux ?

LA MUSIQUE.

Quelle divinité sort du sein de la nue ?

LA POÉSIE.

Quels chants mélodieux
Font retentir ici leur douceur infinie ?

LA MUSIQUE.

Ah ! c'est la divine Harmonie

Qui descend des cieux !

LA POÉSIE.

Qu'elle étale à nos yeux
De grâces naturelles !

LA MUSIQUE.

Quel bonheur imprévu la fait ici revoir !

LA POÉSIE ET LA MUSIQUE.

Oublions nos querelles ;
Il faut nous accorder pour la bien recevoir.

CHŒUR DE POÈTES ET DE MUSICIENS.

Oublions nos querelles ;
Il faut nous accorder pour la bien recevoir.

POÉSIES LATINES.

EPIGRAMMA.

In novum Causidicum, rustici Lictoris filium.

Dum puer iste fero natus lictore perorat,
  Et clamat medio, stante parente, foro ;
Quæris quid sileat circumfusa undique turba ?
  Non stupet ob natum, sed timet illa patrem.

*Alterum in Marullum, versibus phaleucis ante
  male laudatum.*

Nostri quid placeant minus phaleuci,
Jamdudum tacitus, Marulle, quæro,
Quum nec sint stolidi, nec inficeti,
Nec pingui nimium fluant Minerva.
Tuas sed celebrant, Marulle, laudes :
O versus stolidos et inficetos !

SATIRA.

Quid numeris iterum me balbutire latinis
Longe Alpes citra natum de patre sicambro,
Musa, jubes? Istuc puero mihi profuit olim
Verba mihi sævo nuper dictata magistro
Quum pedibus certis conclusa referre docebas.
Utile tunc Smetium manibus sordescere nostris :
Et mihi sæpe udo volvendus pollice textor
Præbuit adsutis contexere carmina pannis.
Sic Maro, sic Flaccus, sic nostro sæpe Tibullus
Carmine disjecti, vano pueriliter ore
Bullatas nugas sese stupuere loquentes....

FRAGMENS

IMITÉS DES POÈTES GRECS.*

—

Pour détrôner les dieux leur vaste ambition
Entreprit d'entasser Osse sur Pélion.

(HOM. Odyss. liv. XI.)

Une puante humeur couloit de ses narines.

(HÉSIODE.)

Autant qu'un homme assis aux rivages des mers
Voit d'un roc élevé d'espace dans les airs,
Autant des immortels les coursiers intrépides
En franchissent d'un saut....

. . . .

---

* Extraits de la traduction du Traité du sublime. Nous avons
voulu donner *complètes* les OEuvres poétiques de Boileau.

Le ciel en retentit, et l'Olympe en trembla.

. . . .

L'enfer s'émeut au bruit de Neptune en furie.
Pluton sort de son trône, il pâlit, il s'écrie;
Il a peur que ce dieu dans cet affreux séjour
D'un coup de son trident ne fasse entrer le jour,
Et par le centre ouvert de la terre ébranlée,
Ne fasse voir du Styx la rive désolée,
Ne découvre aux vivans cet empire odieux,
Abhorré des mortels et craint même des dieux.

(Hom. *Il.* liv. v, xxi, xx.)

Neptune ainsi marchant dans ces vastes campagnes
Fait trembler sous ses pieds et forêts et montagnes.

. . . .

Il attelle son char, et, montant fièrement,
Lui fait fendre les flots de l'humide élément.
Dès qu'on le voit marcher sur ces liquides plaines
D'aise on entend sauter les pesantes baleines;
L'eau frémit sous le dieu qui lui donne la loi,
Et semble avec plaisir reconnoître son roi.
Cependant le char vole....

(Hom. *Il.* liv. xiii.)

Grand dieu, chasse la nuit qui nous couvre les yeux,
Et combats contre nous à la clarté des cieux.

. . . .

Tel que Mars en courroux au milieu des batailles,
Ou comme on voit un feu, jetant partout l'horreur,
Au travers des forêts promener sa fureur,
De colére il écume....

(Hom. *Il.* liv. xvii, xv.)

Là gît le grand Ajax et l'invincible Achille ;
Là de ses ans Patrocle a vu borner le cours ;
Là mon fils, mon cher fils a terminé ses jours.

(Hom. *Odyss.* liv. iii.)

Heureux qui prés de toi pour toi seule soupire,
Qui jouit du plaisir de t'entendre parler,
Qui te voit quelquefois doucement lui sourire !
Les dieux dans son bonheur peuvent-ils l'égaler ?
Je sens de veine en veine une subtile flamme

Courir par tout mon corps sitôt que je te vois,
Et dans les doux transports où s'égare mon ame
Je ne saurois trouver de langue ni de voix.
Un nuage confus se répand sur ma vue ;

Je n'entends plus ; je tombe en de douces langueurs,
Et pâle, sans haleine, interdite, éperdue,
Un frisson me saisit ; je tremble, je me meurs.

Mais quand on n'a plus rien il faut tout hasarder, etc.

(Sapho.)

O prodige étonnant! ô fureur incroyable!
Des hommes insensés sur de frêles vaisseaux
S'en vont loin de la terre habiter sur les eaux,
Et, suivant sur la mer une route incertaine,
Courent chercher bien loin le travail et la peine.
Ils ne goûtent jamais de paisible repos;
Ils ont les yeux au ciel et l'esprit sur les flots,
Et les bras étendus, les entrailles émues,
Ils font souvent aux dieux des prières perdues.

(ARISTÉE.)

Comme l'on voit les flot soulevés par l'orage
Fondre sur un vaisseau qui s'oppose à leur rage,
Le vent avec fureur dans les voiles frémit,
La mer blanchit d'écume, et l'air au loin gémit.
Le matelot troublé, que son art abandonne,
Croit voir dans chaque flot la mort qui l'environne.

(HOM. *Il.* liv. XV.)

La noble jalousie est utile aux mortels.

(HÉSIODE.)

Mère cruelle, arrête; éloigne de mes yeux
Ces filles de l'enfer, ces spectres odieux.
Ils viennent; je les vois: mon supplice s'apprête.
Quels horribles serpens leur sifflent sur la tête!

. . . . , . .

Où fuirai-je ? Elle vient, je la vois; je suis mort.

(EURIP. *Oreste; Iphig. en Taur.*)

Prends garde qu'une ardeur trop funeste à ta vie
Ne t'emporte au-delà de l'aride Libye.
Là jamais d'aucune eau le sillon arrosé
Ne rafraîchit mon char dans sa course embrasé.

. . . .

Aussitôt devant toi s'offriront sept étoiles :
Dresse par là ta course, et suis le droit chemin.
Phaéton à ces mots prend les rênes en main ;
De ses chevaux ailés il bat les flancs agiles.
Les coursiers du Soleil à sa voix sont dociles :
Ils vont; le char s'éloigne, et plus prompt qu'un éclair
Pénètre en un moment les vastes champs de l'air.
Le père cependant, plein d'un trouble funeste,
Le voit rouler de loin sur la plaine céleste,
Lui montre encor la route, et du plus haut des cieux
Le suit autant qu'il peut de la voix et des yeux.
Va par là, lui dit-il, reviens, détourne, arrête.

(EURIP. *Phaéton.*)

Sur un bouclier noir sept chefs impitoyables
Epouvantent les dieux de sermens effroyables :
Près d'un taureau mourant qu'ils viennent d'égorger

Tous la main dans le sang jurent de se venger.
Ils en jurent la Peur, le dieu Mars et Bellone.

. . . .

Le palais en fureur mugit à ton aspect.

(ESCHYLE, *les sept Chefs; Lycurgue.*)

La montagne à leurs cris répond en mugissant.

(EURIP.)

Toi qui dans les enfers me veux précipiter,
Déesse, cesse enfin de me persécuter.

(EURIP. *Oreste.*)

On ne me verra plus affligé de leur joie ;
J'en jure mon combat aux champs de Marathon.

(EUPOLIS.)

Nous avons par ton ordre à pas précipités
Parcouru de ces bois les sentiers écartés;
Nous avons dans le fond d'une sombre vallée
Découvert de Circé la maison reculée.

(HOM. *Odyss.* liv. X.)

Hymen, funeste hymen, tu m'as donné la vie;
Mais dans ces mêmes flancs où je fus enfermé
Tu fais rentrer ce sang dont tu m'avois formé,
Et par là tu produis et des fils et des pères,
Des frères, des maris, des femmes et des mères,
Et tout ce que du sort la maligne fureur
Fit jamais voir au jour et de honte et d'horreur.

(Soph. *OEdipe roi.*)

Vous diriez, à les voir pleins d'une ardeur si belle,
Qu'ils retrouvent toujours une vigueur nouvelle;
Que rien ne les sauroit ni vaincre ni lasser,
Et que leur long combat ne fait que commencer.

. . . .

Tu ne saurois connoître au fort de la mêlée
Quel parti suit le fils du courageux Tydée.

(Hom. *Il.* liv. xv, v.)

Ne t'embarque jamais durant ce triste mois.

(Aratus.)

Mais Hector, qui les voit épars sur le rivage,
Leur commande à grands cris de quitter le pillage,
D'aller droit aux vaisseaux sur les Grecs se jeter;

Car, quiconque mes yeux verront s'en écarter,
Aussitôt dans son sang je cours laver sa honte.

(HOM. Il. liv. xv.)

De mes fâcheux amans ministre injurieux,
Héraut, que cherches-tu ? Qui t'amène en ces lieux ?
Y viens-tu de la part de cette troupe avare
Ordonner qu'à l'instant le festin se prépare ?
Fasse le juste ciel, avançant leur trépas,
Que ce repas pour eux soit le dernier repas !
Lâches, qui, pleins d'orgueil et foibles de courage,
Consumez de son fils le fertile héritage,
Vos pères autrefois ne vous ont-ils point dit
Quel homme étoit Ulysse...

(HOM. Odyss. liv. IV.)

Des fleuves de rochers et des fleuves de flamme.

(PIND.

Tant qu'on verra les eaux dans les plaines courir
Et les bois dépouillés au printemps refleurir.

(HOM.)

Tant de maux à la fois sont entrés dans mon ame
Que je n'y peux loger de nouvelles douleurs.

. . . .

Il tourne aux environs de la route incertaine,
Et, courant en tous lieux où sa rage le mène,
Traîne après soi la femme, et l'arbre, et le rocher.

(EURIP. *Herc. fur.*; *Dircé.*)

Le même jour qui met un homme libre aux fers
Lui ravit la moitié de sa vertu première.

(HOM. *Odyss.* liv. XVII.)

PLAINTE

CONTRE LES TUILERIES.

Pièce de vers de Le Verrier refaite par Boileau.

—

Agréables jardins, où les Zéphyrs et Flore
Se trouvent tous les jours au lever de l'Aurore,
Lieux charmans, qui pouvez dans vos sombres réduits
Des plus tristes amours adoucir les ennuis,
Cesser de rappeler dans mon ame insensée
De mon premier bonheur la gloire enfin passée.
Ce fut, je m'en souviens, dans cet antique bois
Que Philis m'apparut pour la première fois ;
C'est ici que souvent, dissipant mes alarmes,
Elle arrêtoit d'un mot mes soupirs et mes larmes,
Et que, me regardant d'un œil si gracieux,
Elle m'offroit le ciel ouvert dans ses beaux yeux.
Aujourd'hui cependant, injustes que vous êtes,
Je sais qu'à mes rivaux vous prêtez vos retraites,
Et qu'avec elle assis sur vos tapis de fleurs

Ils triomphent contens de mes vaines douleurs.
Allez, jardins dressés par une main fatale,
Tristes enfans de l'art du malheureux Dédale ;
Vos bois, jadis pour moi si charmans et si beaux,
Ne sont plus qu'un désert refuge de corbeaux,
Qu'un séjour infernal, où cent mille vipéres
Tous les jours en naissant assassinent leur mére.

(Correspondance.)

FIN.

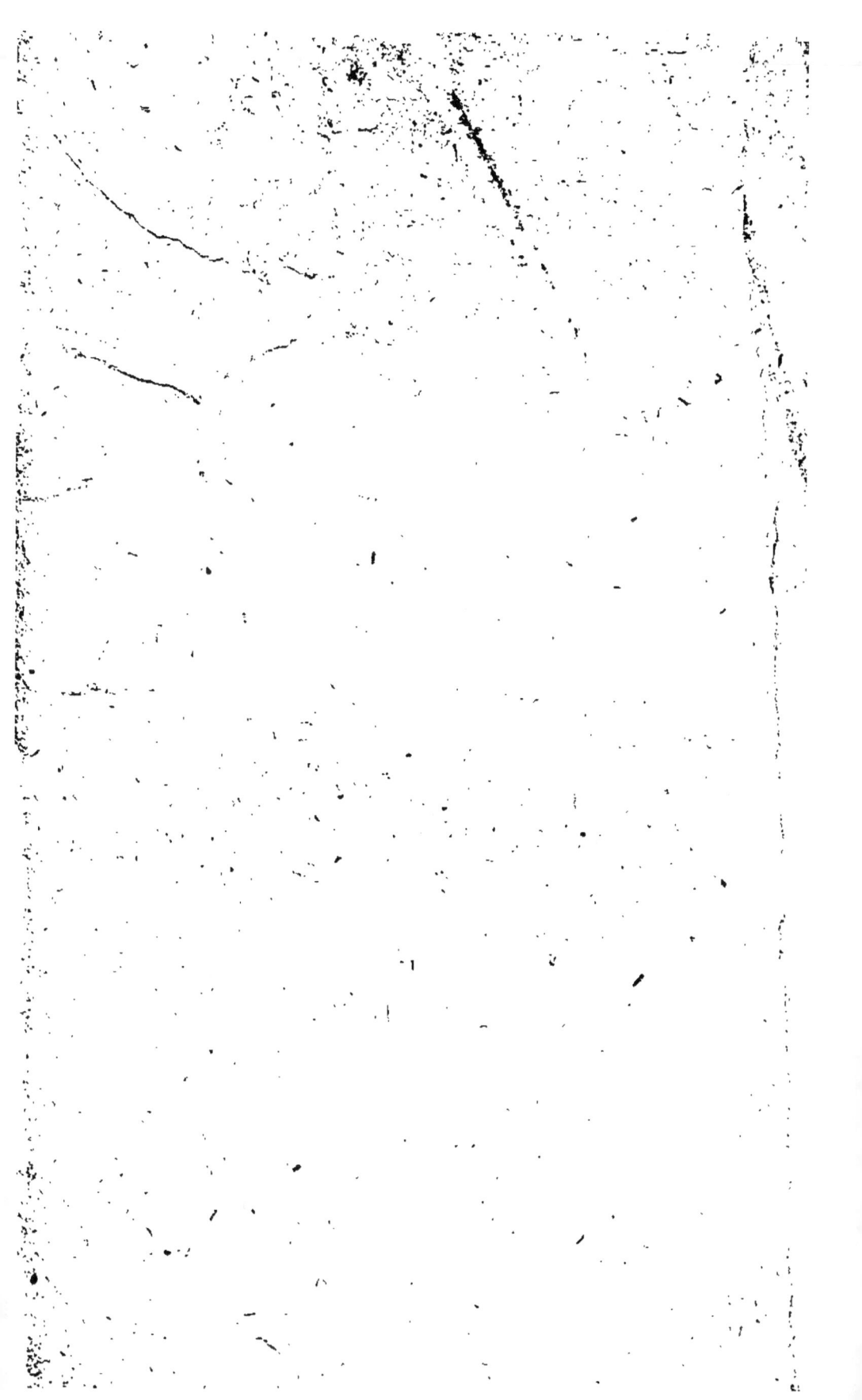

www.ingramcontent.com/pod-product-compliance
Lightning Source LLC
Chambersburg PA
CBHW050025100426
42739CB00011B/2786